MENSCH!

Eine Zeitreise durch unsere Evolution

Susan Schädlich
Bea Davies
Michael Stang

CARLSEN

MENSCH!

INHALT

Seite

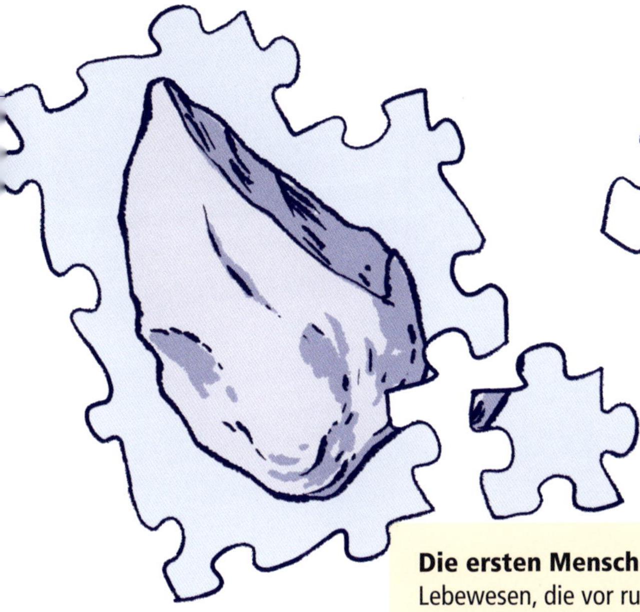

Die ersten Menschen entwickelten sich in Afrika aus Lebewesen, die vor rund sieben Millionen Jahren anfingen, auf zwei Beinen zu laufen. Wir wissen wenig darüber, wo genau das geschah, wie sie aussahen oder lebten. Aber von einigen ihrer Nachkommen wurden Knochen gefunden. Oft nur einzelne, viele davon beschädigt oder zerdrückt. Doch diese Überbleibsel sind für Forschende wertvolle Puzzleteile. Aus ihnen setzen sie das riesige Mosaik unserer Menschheitsgeschichte zusammen. Puzzeln für Profis!

MUSEUM
Hallo!!!
Ich, ähm ...
Ich bin Tali.
Und ich will, hmm
... möchte ...
Ich möchte dich ...
Sie? Ja. Ich möchte Sie
fragen, ob Sie vielleicht
mit mir ... Also, ich habe
nämlich vor ...

Pfft. Das klappt nie und nimmer!
Stimmt. Das klappt nie, wenn du nicht langsam packst. Natürlich erst, wenn du mit deiner Generalprobe fertig bist ...
Mein Rucksack liegt seit heute Morgen gepackt in der Ecke, Xyzo!
Äh-hämm ...
Oh.
Tali! Ohne das Buch ist unsere Reise zum Scheitern verurteilt.
Ich weiß. Ich bin nur so ... aufgeregt! Hast du alle Karten hochgeladen?
Bestätige.
Dann sollte ich jetzt schlafen. Morgen wird ein großer Tag.

Am nächsten Morgen.
TALI
Los geht's.
Mist!
Na, das fängt ja gut an. Es gibt zwei Dinge, die du hüten musst wie …
… wie meinen T-Rex-Zahn! Erstens: das Buch, klar. Aber was ist Nummer zwei?
Ich muss schon sehr bitten!
Reg dich ab, Xyzo. Ohne dich wäre ich aufgeschmissen, mein obersmarter Elektro-Freund.
Korrekt, junges, fehleranfälliges Menschlein.
Mission Großfamilie kann beginnen!
Moooo-ment!

Was denn?
Umsicht ist die Mutter der Zeitreise.
Finaler Ausrüstungscheck:
Solar-Ladegerät
Verbandszeug
Proviant und Wasser
Taschenlampe, Taschenmesser … Alles dabei!
Fehlen nur noch die Koordinaten.
„Einer unserer ältesten Vorfahren lebte vor etwa sieben Millionen Jahren mitten in Afrika."
TOUMAÏ
Wir brauchen Details!
Ja, doch:
„Forschende hatten 2001 in Zentralafrika seinen versteinerten Schädel entdeckt. Sie bargen ihn nahe der Ortschaft Koro Toro im Land Tschad aus dem Wüstenboden."
„Sie nannten ihn Toumaï."
Erstes Ziel: minus sieben Millionen Jahre; Tschad, Afrika.
Also dann, es ist ein kleiner Schritt für einen Menschen, aber ein großer Sprung für die Menschheit.
Zitat Ende. Aber wir sind hier nicht bei der Raumfahrt, Tali.
Ich dich auch, Xyzo.
Toumaï, wir kommen!

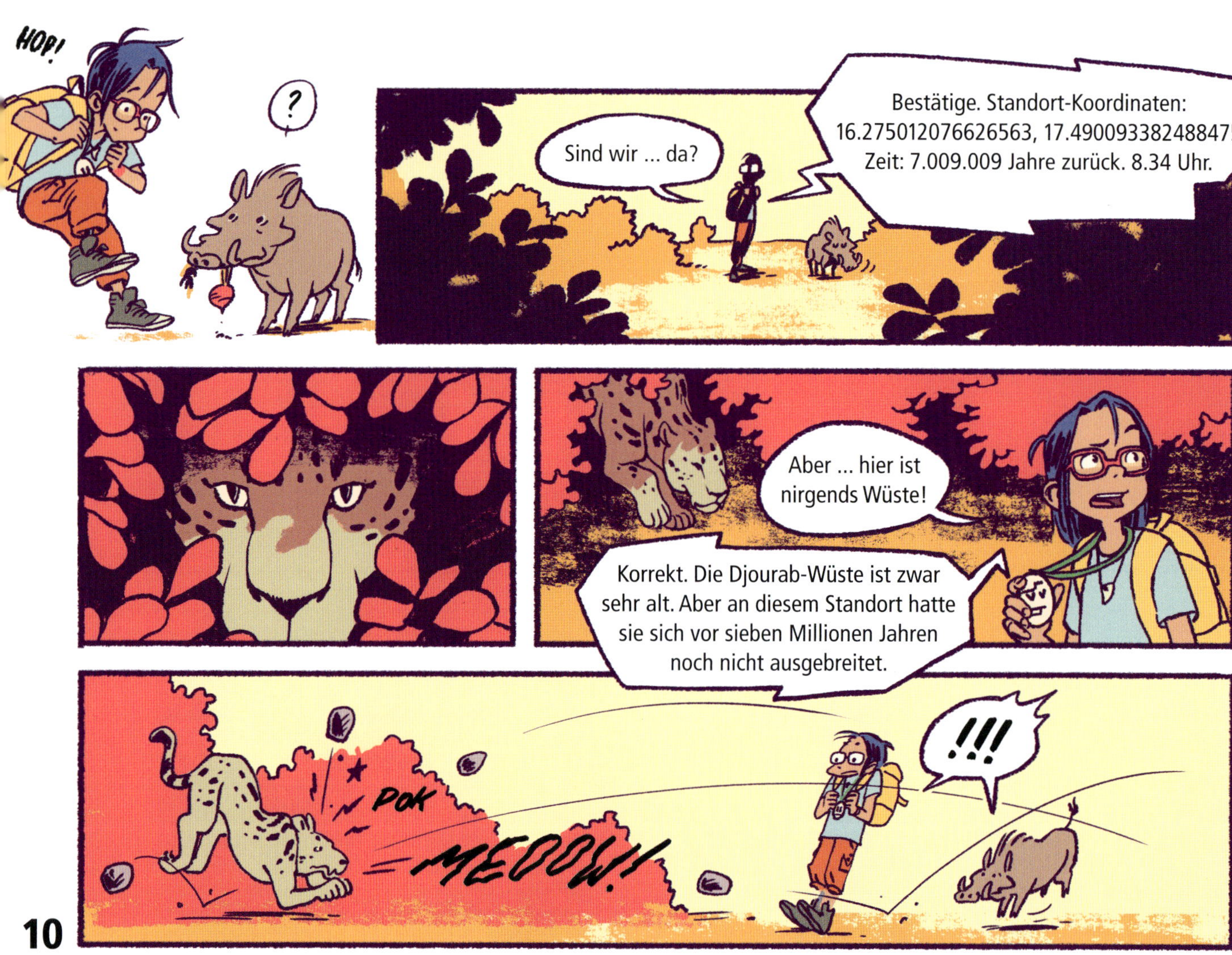

Überbleibsel aus der Urzeit geben uns Einblicke in das Leben früher Menschen und ihre Umwelt. Das können Millionen Jahre alte Knochen, Zähne oder Teile von Pflanzen sein. Sie werden Fossilien genannt – und entstehen nur, wenn viele Zufälle zusammenkommen:

11

Nach dem Tod zerfallen Lebewesen normalerweise und verschwinden spurlos. Wird ein Körper aber rasch von Schlamm bedeckt, ist er vor Aasfressern, Sonne und Bakterien geschützt. Sickert dann Wasser, in dem Kalk, Eisen oder andere Mineralien gelöst sind, in die Knochen, können sie versteinern. Denn die Stoffe lagern sich dort ab. Die Umwandlung zum Fossil braucht viele Zehntausend Jahre. Dass es gefunden wird, ist so selten wie ein Hauptgewinn im Lotto!

Jeder fossile Knochen gehörte irgendwann mal zu einem Lebewesen. Das gilt auch für Schädel früher Menschen. Doch wie sahen sie aus? Um mehr darüber zu erfahren, stellen Profis aus den Knochen Gesichter wieder her. Das geht etwa so:

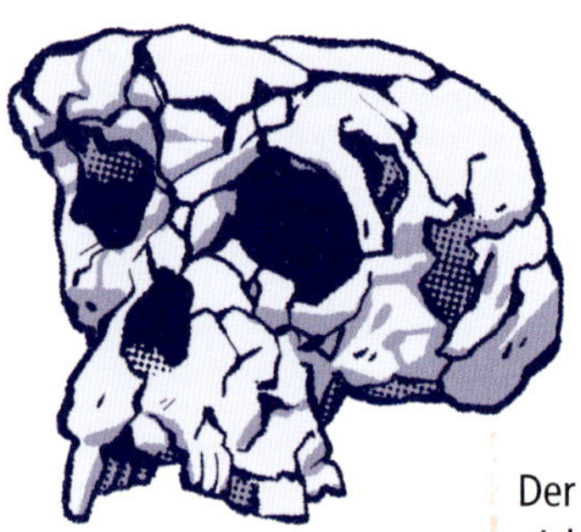

Der Schädel ist meist nicht vollständig, oft auch verformt.

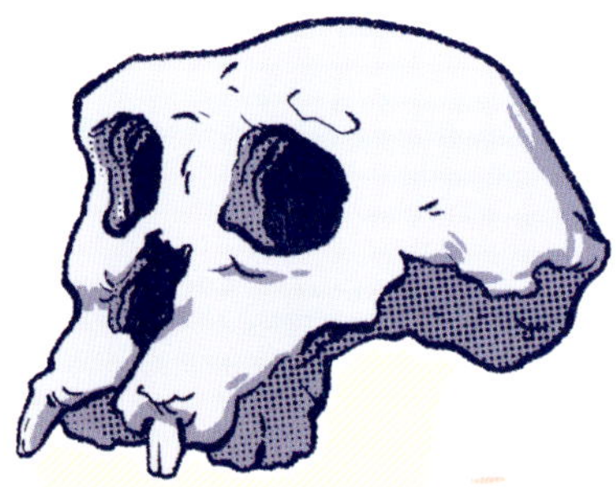

Am Computer bauen Fachleute fehlende Knochenteile ein und bilden den Schädel nach.

Toumaï

−7.000.000 | −6.000.000 | −5.000.000 | −4.000.000

Mit einem 3-D-Drucker wird der Schädel hergestellt. An ihm modellieren sie mit Knete die Muskeln und Fettpolster und setzen Glasaugen und Zähne ein.

Dann pinseln sie eine gummiartige Masse auf und formen daraus die Haut.

Schließlich bekommt der Glatzkopf noch Farbe und Haare – fertig!

–3.000.000 –2.000.000 –1.000.000 Jahre Heute

TOUMAÏ

(bedeutet: Hoffnung auf das Leben in der Dazaga-Sprache)

Lebte vor: 6 bis 7 Millionen Jahren
Gefunden im: Tschad, Zentralafrika (2001)
Alter: erwachsen
Körpergröße: zirka 1 Meter
Lebte in: Graslandschaften mit Bäumen und Seen
Lieblingsessen: Blätter, Wurzeln und Gräser
Besonders: gilt als ältester Fossilienfund der menschlichen Linie

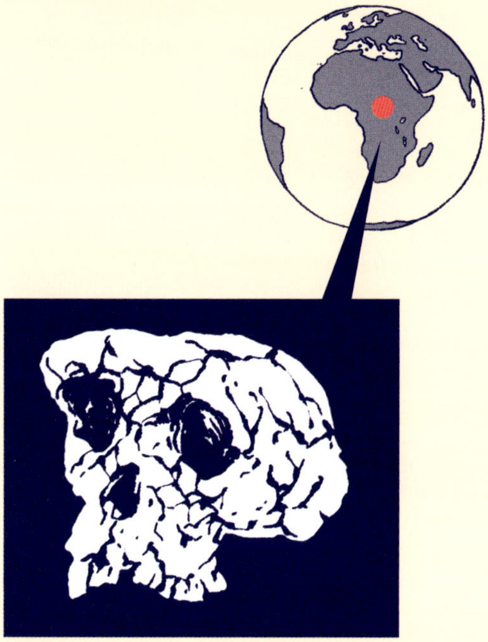

Gehörte zur Art

Sahelanthropus tchadensis

(übersetzt: Sahelmensch aus dem Tschad)

Wichtig: Man weiß sehr wenig über sie.
Gut zu wissen: Manche Forschende sehen sie eher als Affen, also nicht auf der menschlichen Linie. Deswegen bezeichnen sie den Fund als Sahelpithecus, also als Sahelaffen.

Wie sind wir Menschen entstanden? Vielleicht hast du dir diese Frage schon einmal gestellt. Tatsächlich denken seit Hunderten Jahren auch Forschende darüber nach. Denn uns Zweibeiner gab es nicht immer.

Die frühen Wege der Menschheit erforscht die Wissenschaft der Paläoanthropologie. Das Wort kommt von *paläo* für alt und *anthropos* für

Oft wird gesagt: Menschen haben sich aus Affen entwickelt. Doch das stimmt so nicht. Richtig ist: Menschenartige und Affen haben gemeinsame Ahnen! Wer sie waren und wie sie aussahen, ist unklar. Fest steht: Irgendwann vor rund sieben Millionen Jahren trennten sich die Wege – und in der einen Linie entstanden Menschen.

Die Menschwerdung verlief in unzähligen Minischritten über eine extrem lange Zeit. Deswegen lässt sich nicht sagen: Zack, ab hier haben wir es definitiv mit Menschen zu tun. Tali besucht Toumaï, weil sich an ihm wohl die erste und wichtigste menschliche Eigenschaft zeigt: Toumaï lief vermutlich schon häufig auf zwei Beinen. Bis zum perfekten aufrechten Gang dauerte es weitere Millionen Jahre. In der Zeit baute sich das Skelett an vielen Stellen um, etwa am Schädel, am Becken, an den Beinen und Armen, Händen und Füßen.

Menschen laufen auf zwei Beinen. Das hat sich über eine lange Zeit entwickelt und bringt viele Vorteile mit sich. Denn wer auf zwei statt auf vier Beinen läuft ...

... kann viel weiter schauen ...

... und damit früh Gefahren erkennen, Nahrung oder einen Unterschlupf finden.

Wie könnte Ardis Zuhause ausgesehen haben? Davon können wir uns dank jahrelanger Forschungsarbeit ein Bild machen. Denn neben Ardis versteinerten Knochen wurden noch viele Tausend andere Fossilien ausgegraben und untersucht.

Aus kleinsten Funden leiten Fachleute Stück für Stück ab, welche Pflanzen und Tiere es damals gab. Außerdem wird klar: Wo so viel wuchs und diese Tiere sich tummelten, muss es viel frisches Wasser gegeben haben.

Pflanzensteinchen sind winzige harte Ablagerungen aus dem Inneren von Pflanzen, die Millionen Jahre im Boden überdauern können. Fachleute nennen sie Phytolithen (gesprochen: Füto-liten) – und können unter dem Mikroskop erkennen, von welchen Pflanzen sie stammen. Zu Ardis Zeit waren das zum Beispiel Süßgräser und Palmen.

Unzählige Knochen zeigen, dass in Ardis Umfeld Bürstenhaarmäuse, Kaffeeratten, Spitzmäuse und viele andere kleine Säugetiere lebten. Außerdem gab es kleine Papageien, Perlhühner und Eulen.

Haha, guter Treffer!
Okay, du bist lustig. Ich bin dabei!
Uralte Samen lagen in der gleichen Erdschicht wie Ardis fossile Knochen. Wenn sich der Boden über Jahrmillionen wenig verändert hat, sind sie wahrscheinlich etwa zeitgleich versteinert. Daraus folgt: Es gab viele Büsche und Bäume, darunter Verwandte der Zürgelbäume, die heute noch in vielen Erdteilen wachsen.
PTÚ
Fossile Zähne lassen sich oft den Tieren zuordnen, von denen sie stammen. Es gab damals viele Antilopen mit gedrehten Hörnern, ähnlich heute lebenden Kudus. Mithilfe chemischer Untersuchungen ihres Zahnschmelzes lässt sich ableiten, dass sie an Büschen und Bäumen knabberten und tropische Gräser fraßen.
TOK

ARDI

(Kurzform des wissenschaftlichen Namens)

Lebte vor: rund 4,4 Millionen Jahren
Gefunden in: Äthiopien, Ostafrika (1994)
Alter: junge erwachsene Frau
Körpergröße: etwa 1,20 Meter
Lebte in: Wäldern, Feuchtgebieten, Savannen
Lieblingsessen: Früchte, Gräser und kleine Tiere im Wald
Besonders: Das Skelett ist ziemlich vollständig, es verrät den Gang, die Körpergröße und dass Ardi vermutlich weiblich war.

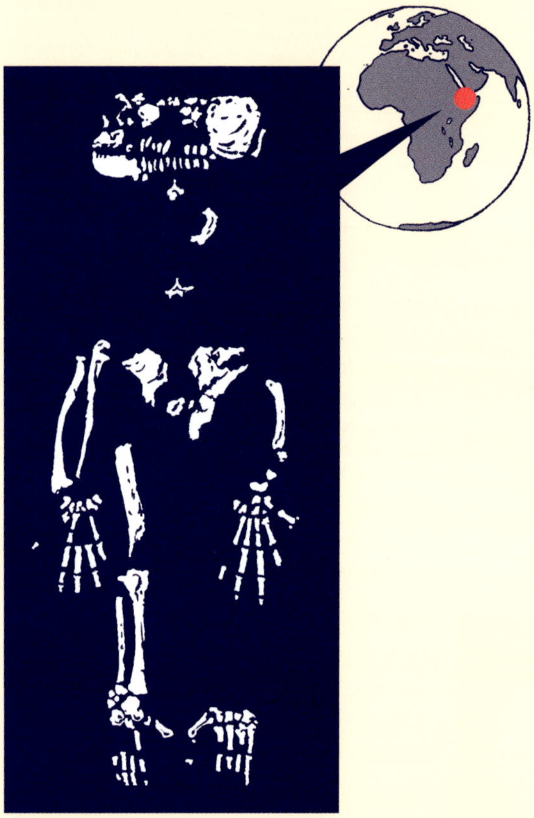

Gehörte zur Art

Ardipithecus ramidus

(übersetzt: Bodenaffe an der Wurzel des Menschen)

Wichtig: Diese Wesen liefen definitiv schon gut auf zwei Beinen.
Gut zu wissen: Sie konnten mit ihren langen Greifhänden aber auch noch sehr gut klettern.

Wie alt ist das Fossil? Entdecken Forschende einen Frühmenschen-Knochen, müssen sie herausfinden, wie lange er schon dort liegt – und damit, in welcher Zeit das Wesen gelebt hat. Für die Altersbestimmung gibt es verschiedene Methoden aus der Chemie und Physik.

Erste Anhaltspunkte finden Wissenschaftsteams schon im Boden der Fundstelle. Grobe Regel: Je tiefer etwas liegt, desto älter ist es. Das ist wie bei deiner Schultasche: Dinge, die ganz unten liegen, befinden sich dort meist schon länger als Gegenstände weiter oben. Auch auf dem Erdboden kommen mit der Zeit neue Schichten hinzu, Blätter und Staub legen sich obenauf. Liegt ein Fossil in einer Erdschicht, von der Forschende das Alter kennen, ist der Knochen im einfachsten Fall ebenso alt.

Oft ist es aber komplizierter. Denn häufig verschieben sich Bodenschichten im Laufe von Millionen Jahren. Die Erde hebt oder senkt sich, Wind und Wetter tragen Material ab. Forschende müssen diese Vorgänge in mühevoller Arbeit nachvollziehen.

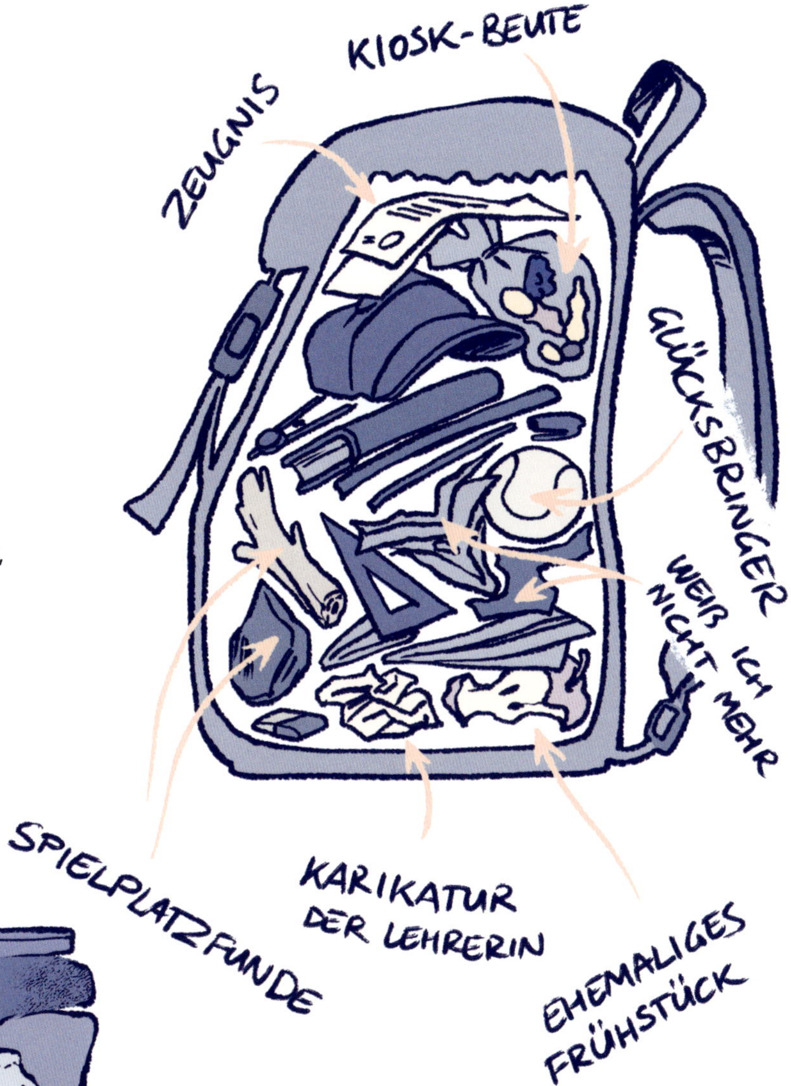

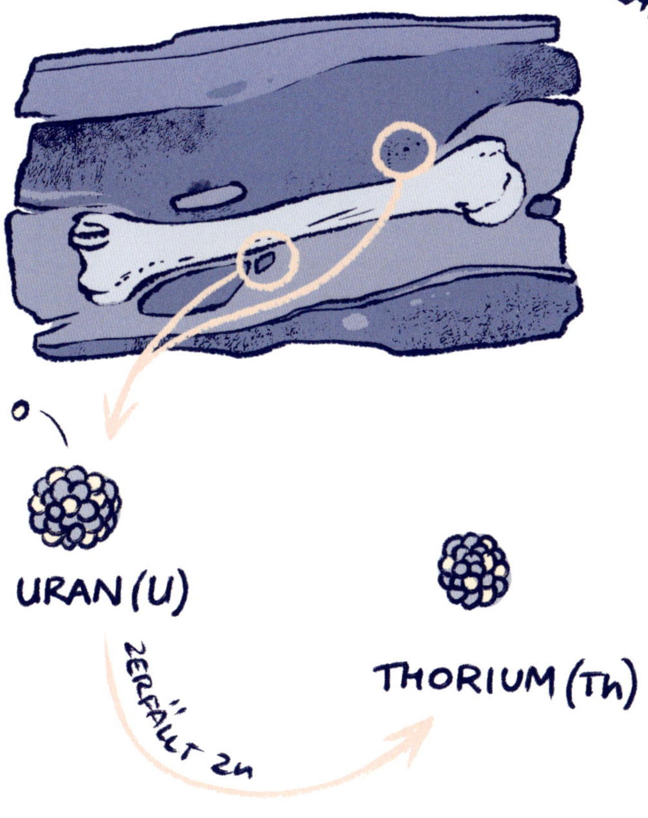

Das Alter von Fossilien können Forschende manchmal mithilfe von Labormethoden genauer bestimmen. Dazu nehmen sie Proben aus dem Gestein, in dem das Fossil lag. Darin werden spezielle Stoffe gemessen, die sich im Laufe der Zeit verändern. Zum Beispiel die Menge des chemischen Elements Uran. Es zerfällt und man weiß genau, wie schnell. Dabei entsteht der Stoff Thorium. Haben die Forschenden die Menge beider Stoffe ermittelt, lässt sich die verstrichene Zeit ausrechnen – für alles, was jünger ist als 500.000 Jahre. In der Regel kommt mindestens eine weitere Methode zum Einsatz, um die Ergebnisse zu überprüfen.

Menschen sind Gruppentiere. Die meisten leben in Familien oder noch größeren Verbänden. Das war schon immer so. Das zeigen auch zwei berühmte Ausgrabungsstätten. Eine davon befindet sich in Ostafrika, im heutigen Tansania. Vor 3,6 Millionen Jahren gab es dort einen Vulkanausbruch. Als die Asche wenige Tage später erkaltet war, liefen mehrere Zweibeiner dort entlang – und hinterließen ihre Spuren. Insgesamt 70 Fußabdrücke davon haben sich bis heute erhalten. Sie stammen vermutlich von Wesen, die zur gleichen Art gehörten wie Lucy hier im Comic.

Die Spuren zeigen, dass diese Personen schon sehr gut aufrecht gehen konnten und dass sie in einer Gruppe unterwegs waren.

Toumaï — Ardi

–7.000.000 | –6.000.000 | –5.000.000 | –4.000.000

Die erste Familie – so wird ein Knochenfund aus dem heutigen Äthiopien genannt. Dort entdeckten Forschende Fossilien von 17 Personen, und zwar von neun Erwachsenen, drei Jugendlichen und fünf Kindern. Sie lebten vor 3,2 Millionen Jahren.

Lucy

–3.000.000 –2.000.000 –1.000.000 Jahre Heute

Volltreffer in der Wüste: 1974 startet in Äthiopien eine große Ausgrabung. Und zwar in einer Region, in der die Forschenden viele Fossilien erwarten. Zudem kennen sie das Alter der Schicht genau: 3,2 Millionen Jahre. Das ist die Zeit, in der in der Menschheitsentwicklung viel passiert sein muss. Und tatsächlich. Das Team um den US-Forscher Donald Johanson stößt auf die erhofften Knochen. Sie wissen sofort, dass sie einen Volltreffer gelandet haben. Alle 47 Knochen gehören zu einem einzelnen menschlichen Lebewesen. Es war nur gut einen Meter groß, wahrscheinlich war es eine Frau.

Toumaï – Ardi

–7.000.000 | –6.000.000 | –5.000.000 | –4.000.000

Lucy Superstar: Das Skelett ist weltberühmt, auch wegen seines Spitznamens. Er geht auf ein Lied zurück, das bei der Ausgrabung ständig gespielt wurde.

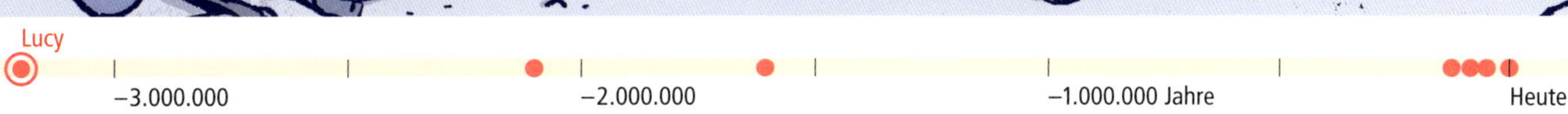

LUCY

(nach einem Lied der englischen Band „The Beatles")

Lebte vor: rund 3,2 Millionen Jahren
Gefunden in: Äthiopien, Afrika (1974)
Alter: ungefähr 25 Jahre
Körpergröße: zirka 1,10 Meter
Lebte in: lichten Bergwäldern
Lieblingsessen: Früchte, Blätter und Gräser
Besonders: Lucy ist das bekannteste menschliche Fossil der Welt. In Äthiopien liebt sie jedes Kind und es gibt sogar eine Lucy-Briefmarke.
Und: Sie starb wohl nach einem Sturz aus großer Höhe, vermutlich fiel sie vom Baum.

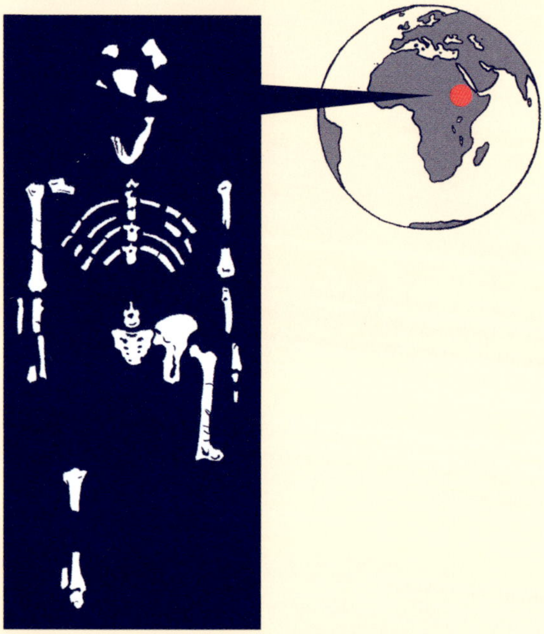

Gehörte zur Art

Australopithecus afarensis

(übersetzt: südlicher Affe aus der Afarregion)

Wichtig: Lucys Knie und Fußabdrücke ihrer Artgenossen zeigen, dass diese Zweibeiner schon fast genauso gelaufen sind wie wir.
Gut zu wissen: Es gab sie ungefähr vor 3,8 bis 2,9 Millionen Jahren.

Knochen verraten viel über einen Menschen. Je vollständiger ein Skelett ist, desto mehr Informationen können Fachleute daraus ablesen.

Von einzelnen langen Knochen, etwa dem im Oberschenkel oder dem Schienbein, können Forschende hochrechnen, wie groß jemand ungefähr war. Andere Knochen und Gelenke geben Hinweise darauf, ob das Skelett zu einem Kletterprofi oder eher zu einer Dauerläuferin gehörte.

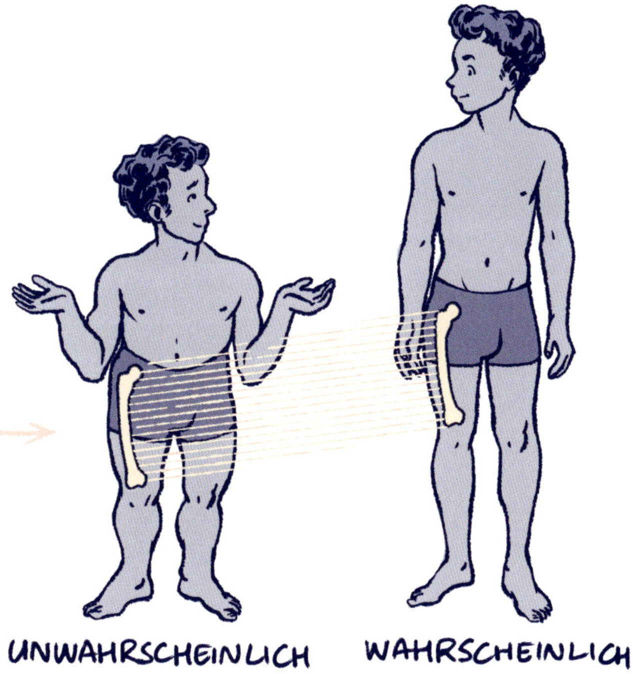

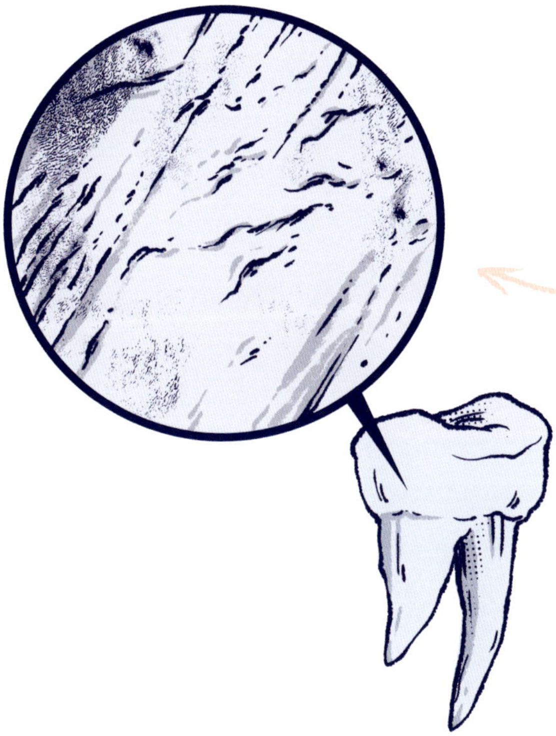

Zähne zeigen ebenfalls eine Menge. Unter dem Mikroskop werden feinste Abnutzungsspuren im Zahnschmelz sichtbar. Daraus lässt sich das Lieblingsessen einer Person ableiten. Erkennbar ist auch, ob jemand als Kind am Daumen gelutscht hat. Oder ob ein Mensch die Zähne immer mal wieder auch als Werkzeug benutzte – etwa, um Leder weich zu kauen oder Schnüre festzuhalten.

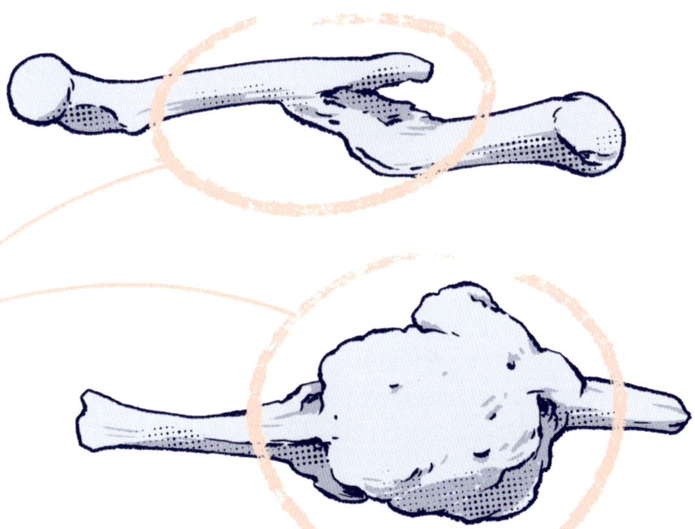

Verletzungen und Krankheiten können Spuren an Knochen hinterlassen. Bei manchen Fossilien sieht man verheilte Knochenbrüche, Entzündungsfolgen oder Krebswucherungen.

Typisch für die Gruppe? An einem Fossil lässt sich nicht nur etwas über die Einzelperson herausfinden – sondern auch über die Art: Wie sah sie aus? Wie groß waren diese Zweibeiner durchschnittlich? Forschende versuchen an Knochen auch das biologische Geschlecht zu bestimmen. Sie brauchen diese Details, um sich ein Bild von der untersuchten Gruppe zu machen und sie mit anderen vergleichen zu können.

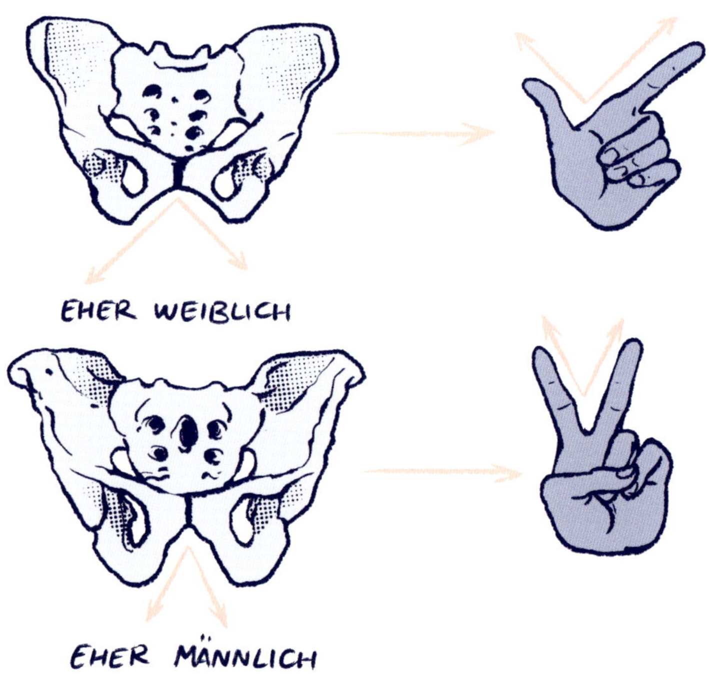

Hilfreiche Becken: An ihnen können Forschende manchmal Unterschiede finden. Denn sie sind bei Frauen meist breiter, weil der Babykopf hindurchpassen muss, wenn ein Kind geboren wird.

Jeder Mensch ist anders und besteht aus viel mehr als nur Knochen. Aber Fossilien sind oft das Einzige, woran Forschende etwas über die damalige Zeit herausfinden können. Alle wissen: Es ist ein Mini-Ausschnitt aus dem Leben und kann nie die wirkliche Vielfalt abbilden. Über andere Dinge, etwa darüber, wie Menschen sich fühlten, sagen die Knochen nichts aus.

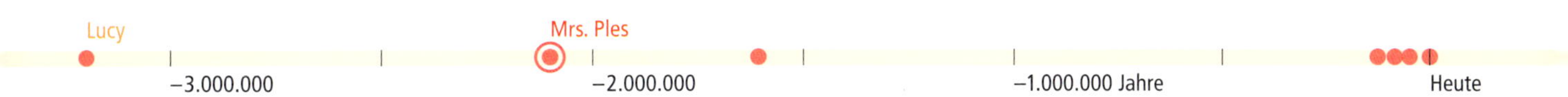

30

Toumaï | Ardi

−7.000.000 | −6.000.000 | −5.000.000 | −4.000.000

Aber ohne Hugo und Liz und deren nervige Kinder!
Doch! Ich will ALLE sehen. Die ganze bucklige Verwandtschaft.
Wir machen das hier, bei dir im Museum!
Das wird lustig!
Aber die benehmen sich immer ... wie die ersten Menschen!
Und wie ...? Wer?
Du hilfst mir, Äffchen. Du hast immer die besten Ideen!
In diesem Moment wusste ich, was ich zu tun habe. Ich nehme sie beim Wort!
Ich organisiere ein Familientreffen, das die Welt noch nicht gesehen hat.
Ich hole Verwandte, von denen wir viel zu wenig wissen.
Die ersten Menschen und noch frühere Vorfahren!
Euch!
Verstehe. Familie ist wichtig. Ich werde mitkommen.
Toll! Dann los. Wir haben noch ein paar Etappen vor uns.

Lucy
Mrs. Ples
–3.000.000
–2.000.000
–1.000.000 Jahre
Heute

MRS. PLES

(Frau Ples, abgeleitet vom alten Namen Plesianthropus für Fast-Mensch)

Lebte vor: ungefähr 2,15 Millionen Jahren
Gefunden in: Südafrika (1947)
Alter: erwachsen
Körpergröße: unklar, weil nur der Schädel gefunden wurde. Frauen der Art waren etwa 1,10 Meter groß.
Lebte in: Savannen mit Bäumen
Lieblingsessen: eigentlich alles, was es gab, auch Knollen von Pflanzen
Besonders: Manche Forschende sagen, dass es ein Mr. Ples (Herr Ples) war.
Und: Der Entdecker musste den Schädel aus mehreren Teilen zusammenkleben, weil er ihn mit Dynamit freigesprengt hatte.

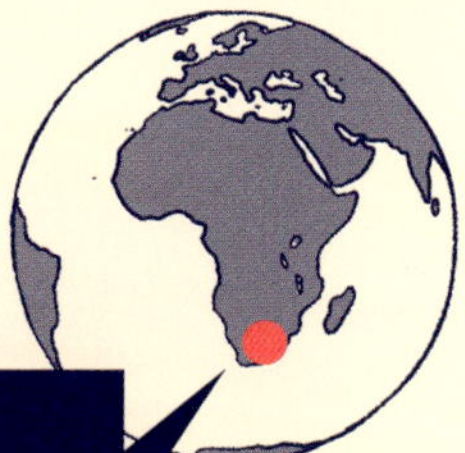

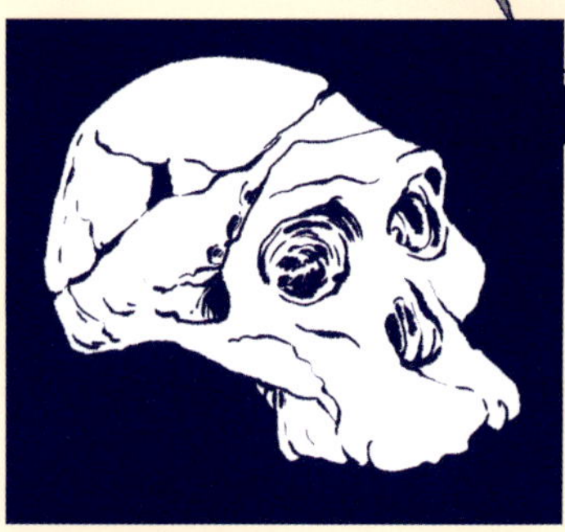

Gehörte zur Art

Australopithecus africanus

(übersetzt: südlicher Affe aus Afrika)

Wichtig: Die Fossilien dieser Art waren der erste Beweis für die Theorie, dass sich die Menschheit in Afrika entwickelt hat.
Gut zu wissen: Die Art gab es ungefähr vor 3,0 bis 2,1 Millionen Jahren.
Und: Diese frühen Verwandten nutzten vermutlich schon einfache Steinwerkzeuge zum Hämmern und Schneiden.

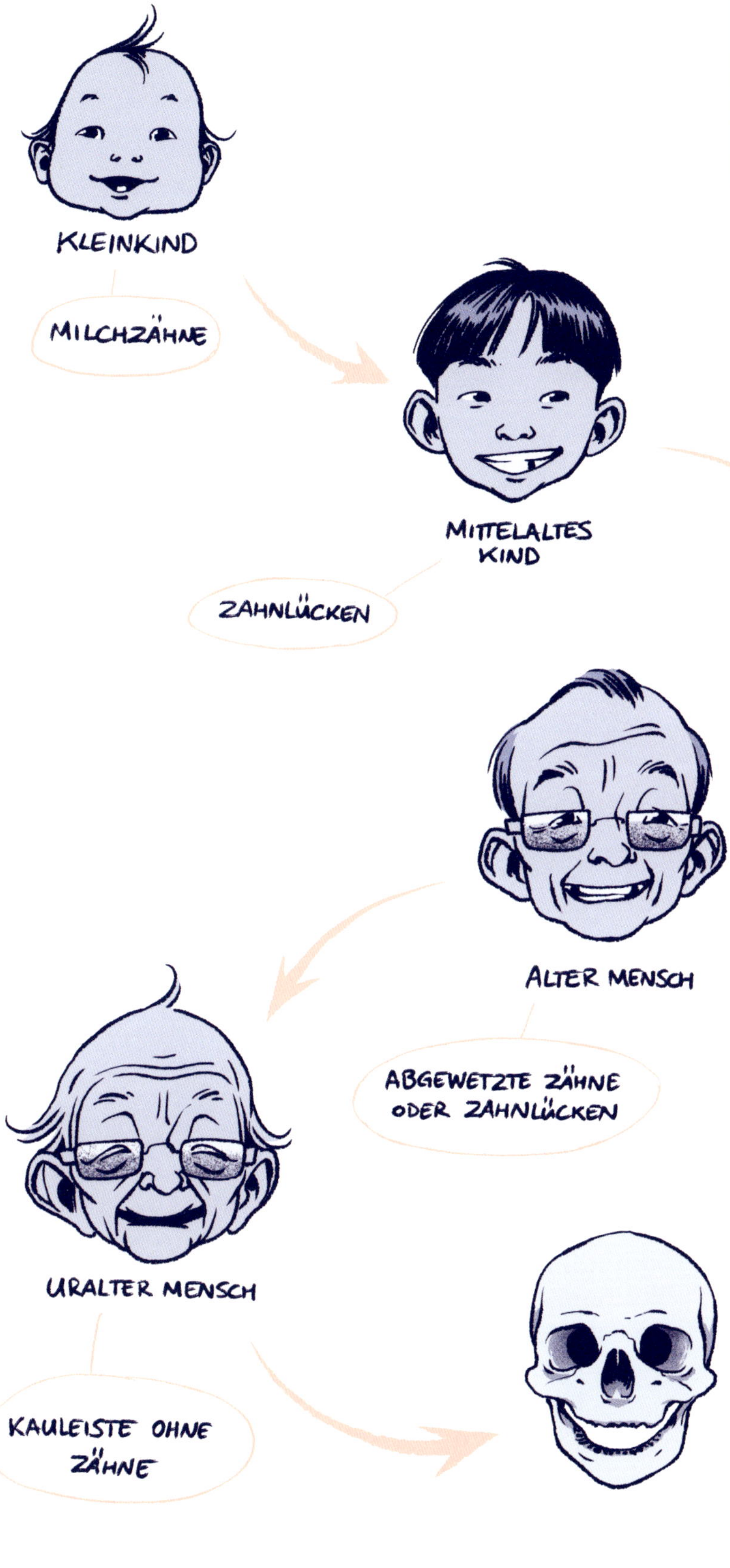

Erwachsen oder Kind? Bei Fossilien wollen Forschende nicht nur herausfinden, wann jemand gelebt hat – sondern auch, wie alt diese Person war, als sie starb. Am besten lässt sich das an den Zähnen ablesen.

Auch Wachsen hinterlässt Spuren, zum Beispiel am Schädel. Bei Kindern sind die Knochenplatten noch nicht vollständig zusammengewachsen. Wo sie aneinanderstoßen, sieht man gezackte Linien. Diese Nähte sieht man bei sehr alten Menschen oft nicht mehr. Die Knochen ihrer Skelette zeigen häufig Abnutzungen oder Hinweise auf Erkrankungen.

Das Sterbealter lässt sich immer nur grob schätzen. Man könnte also sagen, diese Person war zwischen 25 und 30 Jahre alt, nicht aber 27 Jahre, 5 Monate und 3 Tage alt.

Weshalb sich alles ständig wandelt

Warum eigentlich ...
... fliegen manche Tiere und andere nicht?
... sind bestimmte Lebewesen ausgestorben?
... haben manche Tiere Federn und andere ein Fell?
... sind verschiedene Menschenarten entstanden?
... gingen Ardi und Lucy auf zwei Beinen?

Darum! Die Antwort auf all diese Fragen lautet: Evolution. Dieser Begriff bezeichnet Prozesse in der Natur. Sie führen dazu, dass sich vorteilhafte Eigenschaften bei Lebewesen eher durchsetzen als nachteilige. So kommt es, dass sich Arten über längere Zeiträume verändern – egal, ob Pilze, Bakterien, Dattelpalmen, Hühner oder eben auch Menschen. Das Ganze geschieht ganz langsam, in Minischritten.

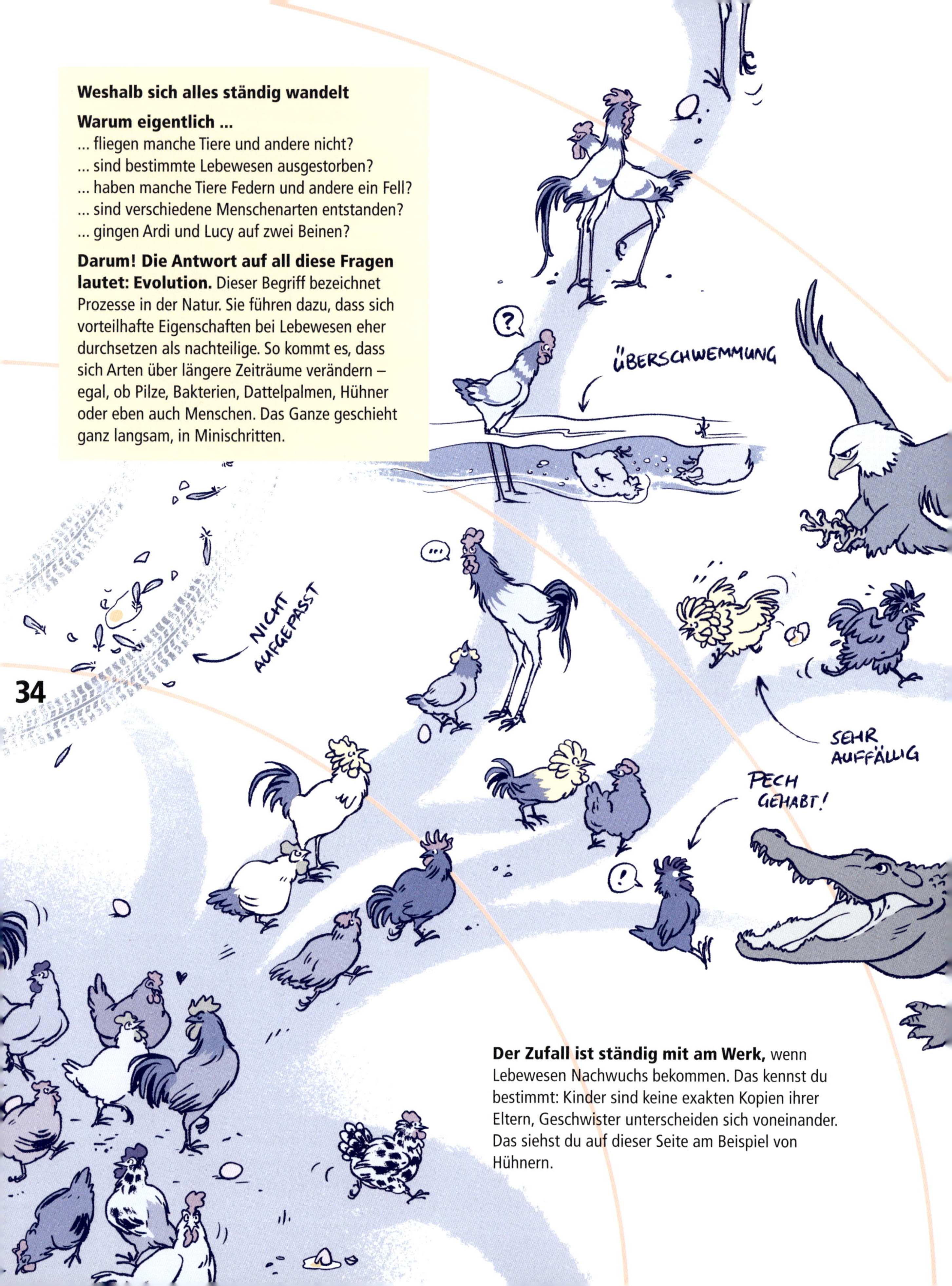

Der Zufall ist ständig mit am Werk, wenn Lebewesen Nachwuchs bekommen. Das kennst du bestimmt: Kinder sind keine exakten Kopien ihrer Eltern, Geschwister unterscheiden sich voneinander. Das siehst du auf dieser Seite am Beispiel von Hühnern.

Diese Unterschiede sind wichtig. Denn sie entscheiden darüber, wie gut ein Lebewesen mit der Umwelt zurechtkommt. Ein dickes Federkleid schützt in kalten Regionen, in der Wüste ist es von Nachteil. Wer zufällig sehr gut an die eigene Umwelt angepasst ist (etwa gut getarnt ist), hat also bessere Chancen, erwachsen zu werden – und selbst viel Nachwuchs zu bekommen. Und darauf kommt es an: Denn ein Lebewesen, das sich fortpflanzt, gibt sein Erbgut und damit seine Eigenschaften weiter. Merkmale, die nicht an den Nachwuchs weitergegeben werden, verschwinden. Über lange Zeit können sich Lebewesen auf diese Weise stark verändern. So kommt es, dass irgendwann einige Tiere fliegen oder tauchen und auf diese Weise erfolgreich in bestimmten Gebieten leben. Weil sich auch die Umwelt dauernd ändert, wird in jeder Generation aufs Neue bestimmt, welche Eigenschaften vorteilhaft sind.

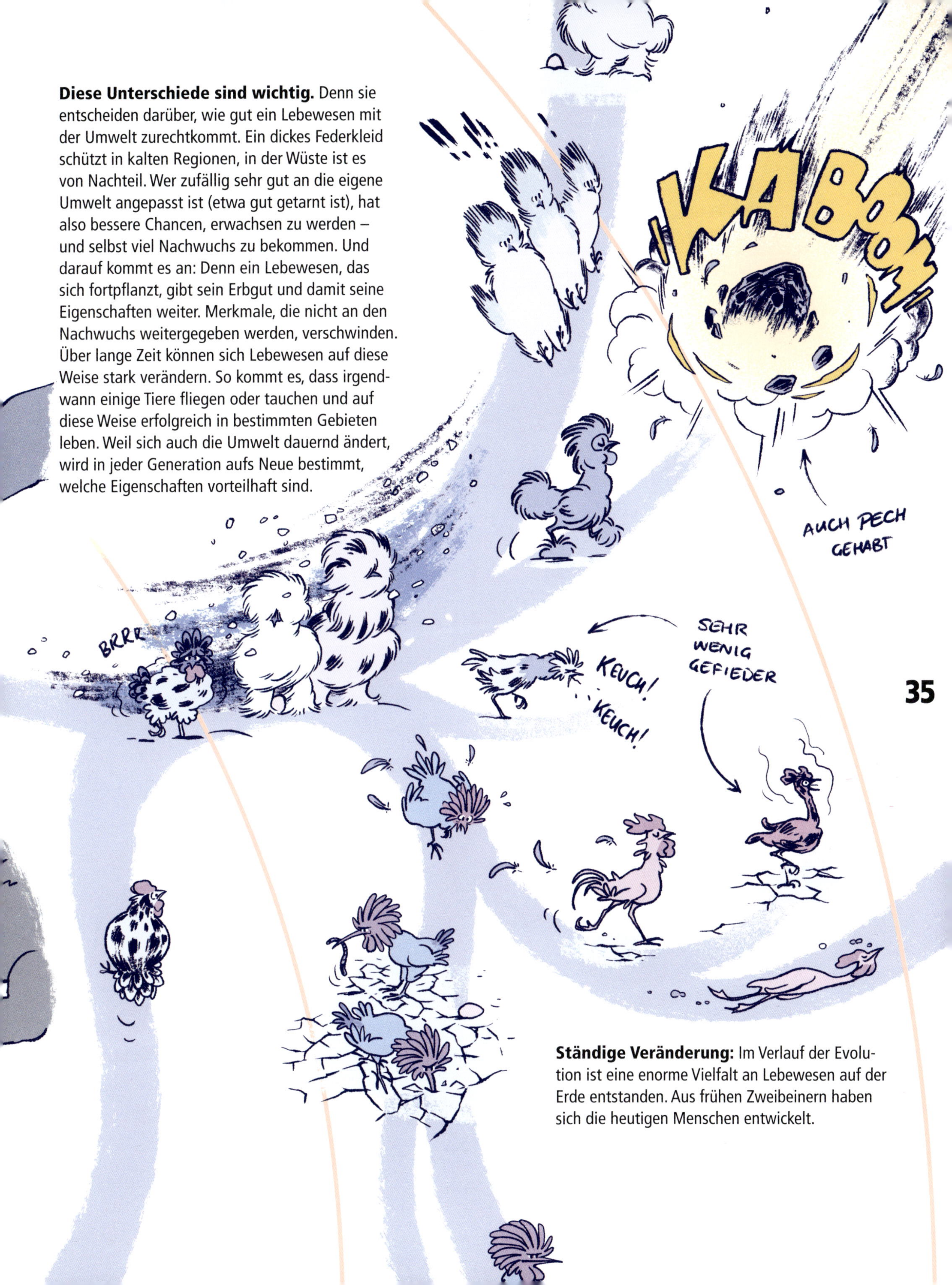

Ständige Veränderung: Im Verlauf der Evolution ist eine enorme Vielfalt an Lebewesen auf der Erde entstanden. Aus frühen Zweibeinern haben sich die heutigen Menschen entwickelt.

Hacken, schneiden, bauen: Mit dem richtigen Werkzeug geht vieles leichter. Zum Beispiel angeln viele Affen Ameisen mit Stöcken oder knacken Nüsse mit Steinen. Auch unsere Vorfahren nutzten Steine und Äste, um Essen zuzubereiten, Schlafplätze zu bauen oder zu jagen. Die ältesten bekannten Werkzeuge sind mehr als drei Millionen Jahre alt. Sie waren noch recht einfach. Die ersten Profi-Geräte waren Faustkeile. Um sie herzustellen, klopften unsere Vorfahren mit einem Stein einen anderen Stein auf beiden Seiten so zurecht, dass er spitz und scharf wurde. Mit der Zeit wurden Faustkeile immer kleiner und schärfer.

Toumaï — Ardi

−7.000.000 −6.000.000 −5.000.000 −4.000.000

Zeig mir dein Werkzeug – und ich sage dir, wie du gelebt hast. Faustkeile und andere Geräte verraten viel darüber, wie der Alltag der Menschen aussah. Deswegen sind sie für die Forschung wichtig. Weil Holz und Leder sich nicht über Millionen Jahre erhalten, werden kaum uralte Werkzeuge daraus gefunden. Ab wann es sie gab, ist daher unklar.

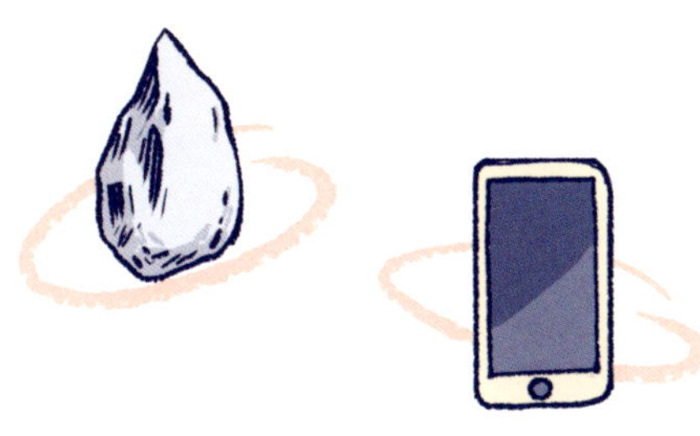

Team Homo sapiens: Dazu gehören alle heute lebenden Menschen, also auch Tali, deine Freundin und natürlich du! *Homo sapiens* ist der wissenschaftliche Name für unsere Menschenart. Dabei steht das erste Wort (*Homo*) für die Gattung, das zweite (*sapiens*) bezeichnet die Art. Mit den zweiteiligen Namen ordnen Forschende Tiere und Pflanzen nach ihrer Verwandtschaft. Entwickelt hat dieses System der schwedische Naturforscher Carl von Linné schon vor rund 300 Jahren.

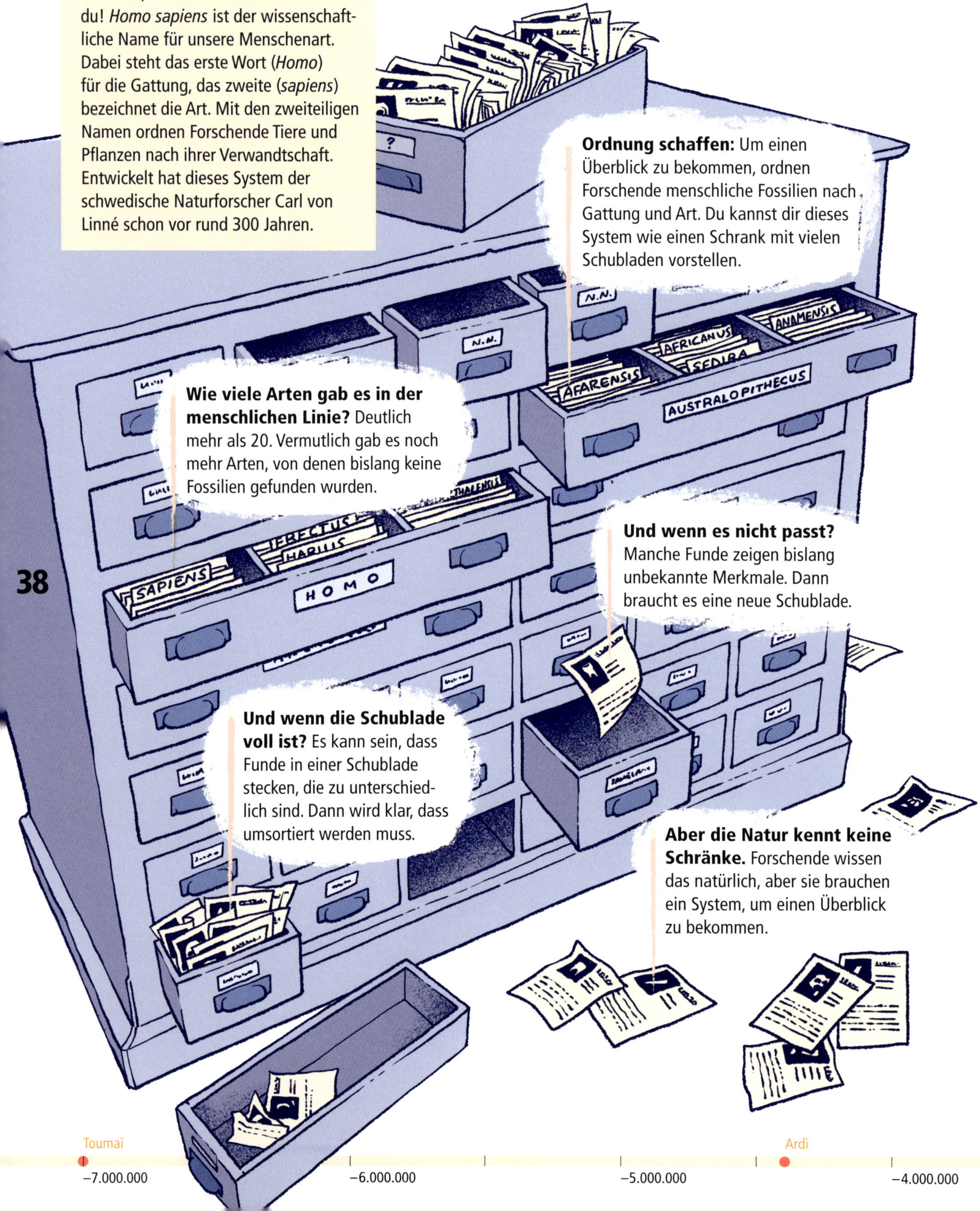

Ordnung schaffen: Um einen Überblick zu bekommen, ordnen Forschende menschliche Fossilien nach Gattung und Art. Du kannst dir dieses System wie einen Schrank mit vielen Schubladen vorstellen.

Wie viele Arten gab es in der menschlichen Linie? Deutlich mehr als 20. Vermutlich gab es noch mehr Arten, von denen bislang keine Fossilien gefunden wurden.

Und wenn es nicht passt? Manche Funde zeigen bislang unbekannte Merkmale. Dann braucht es eine neue Schublade.

Und wenn die Schublade voll ist? Es kann sein, dass Funde in einer Schublade stecken, die zu unterschiedlich sind. Dann wird klar, dass umsortiert werden muss.

Aber die Natur kennt keine Schränke. Forschende wissen das natürlich, aber sie brauchen ein System, um einen Überblick zu bekommen.

Toumaï –7.000.000 –6.000.000 –5.000.000 Ardi –4.000.000

DAS sollen wir essen? Niemals!
Was gäbe ich für ein Klo!
„Der 1,6 Millionen Jahre alte Fund aus Kenia entpuppte sich als großer Junge ... *Homo erectus*. Nariokotome-Junge."
!
Der Fischjunge!
„Diese Menschen waren den heute lebenden Menschen schon sehr ähnlich. Sie gelangten wohl als erste von Afrika nach Eurasien ..."
Da bin ich wieder!
Na endlich. Weiter geht's!
Nicht so schnell. Ich muss noch Nario fragen. Also ihn.
Er kommt mit.
Das haben wir längst geklärt!
Stimmt. Ich bin dabei!
Toll!
Dann auf zu Etappe 6!
Achtung, eine Durchsage: Mit diesem Sprung verlassen wir Afrika und ...
STOLPER!
OH!
XYZOOOOOO

Lucy
Mrs. Ples
Nariokotome-Junge
−3.000.000
−2.000.000

NARIOKOTOME-JUNGE

(benannt nach einem Fluss am Fundort)

Lebte vor: rund 1,6 Millionen Jahren
Gefunden in: Kenia, Ostafrika (1984)
Alter: wird auf zirka 12 Jahre geschätzt
Körpergröße: etwa 1,45 Meter
Lebte in: einer heißen, trockenen Gegend in der Nähe des großen Turkanasees
Lieblingsessen: Früchte, Wurzeln und Fleisch
Besonders: wird auch Turkana-Junge genannt
Und: Er starb an einer Entzündung, nachdem ihm ein Milchbackenzahn ausgefallen war, aber Teile der Wurzel noch im Unterkiefer steckten.

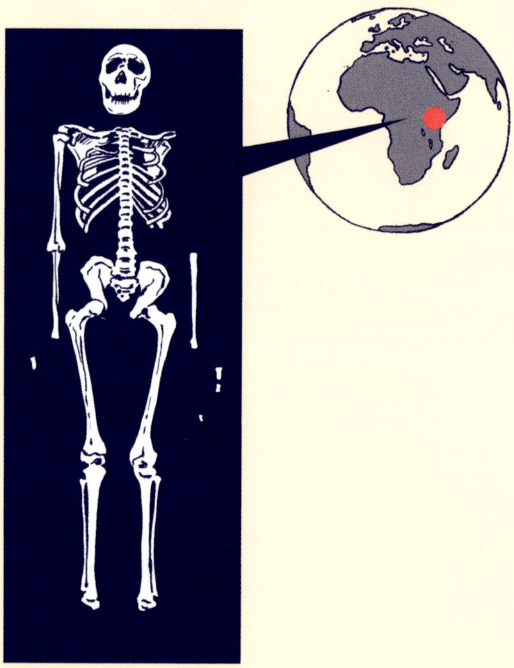

Gehörte zur Art

Homo erectus

(übersetzt: aufrechter Mensch)

Wichtig: Diese Art lebte nicht nur in Afrika, sondern auch in Asien. Sie gehört zu unseren direkten Vorfahren.
Gut zu wissen: Es gab sie ungefähr von vor zwei Millionen Jahren bis vielleicht vor einigen Hunderttausend Jahren.

Viele Fossilien haben Spitznamen. Der Nariokotome-Junge heißt eigentlich KNM-WT 15.000, das ist die genaue Bezeichnung für den Fossilienfund. Doch das ist umständlich. Deswegen haben Forschende manchen Funden zusätzlich Kosenamen gegeben. Einige sind zufällig entstanden, etwa weil die Forschenden ein bestimmtes Lied hörten (Lucy). Auch die Abkürzung des wissenschaftlichen Namens kann zum Spitznamen werden (Ardi). Oder der Name stammt aus einer regionalen Sprache am Fundort und bedeutet etwas (Toumaï). Es gibt auch Spitznamen, die etwas über das Fossil aussagen (Little Foot, Nussknacker-Mensch) oder an eine berühmte Figur erinnern (Hobbit).

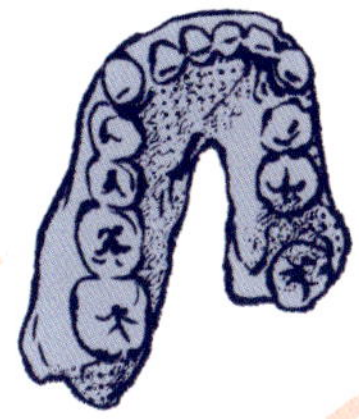

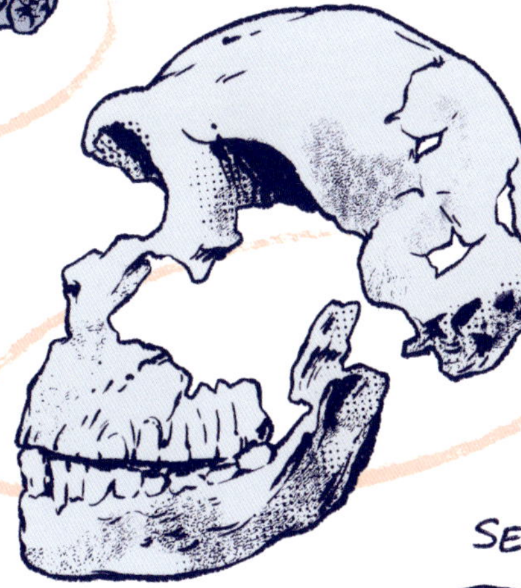

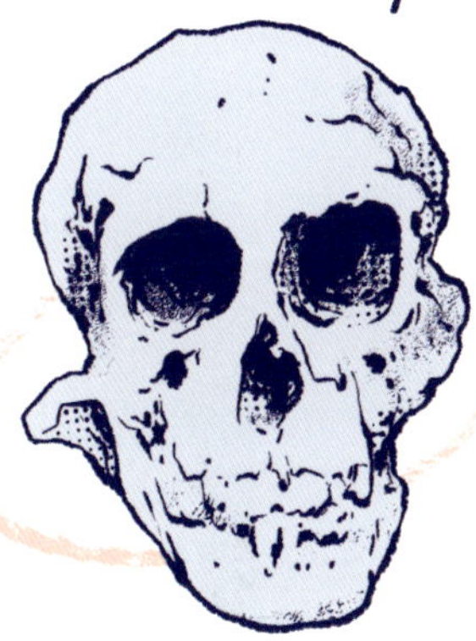

Fest steht: Gibt es einen guten Spitznamen, hält er sich, denn AL 288-1 kann sich kaum jemand merken, Lucy hingegen schon. Andere Beispiele sind:

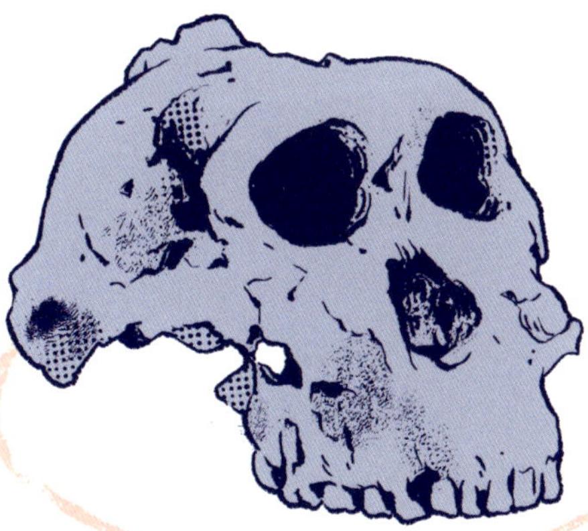

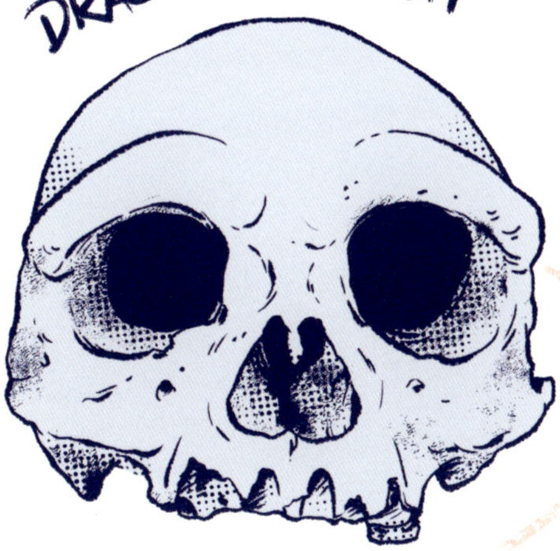

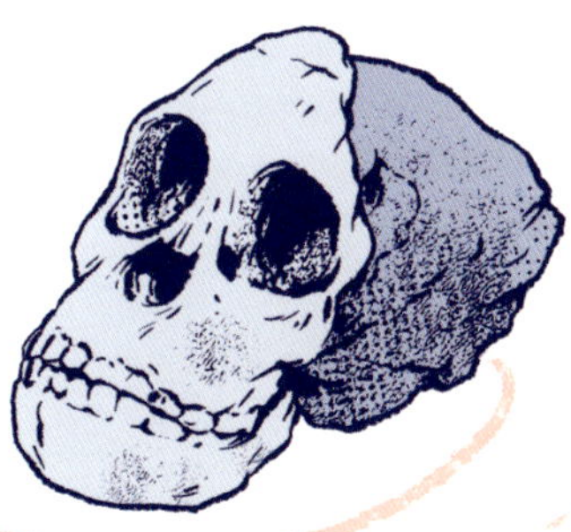

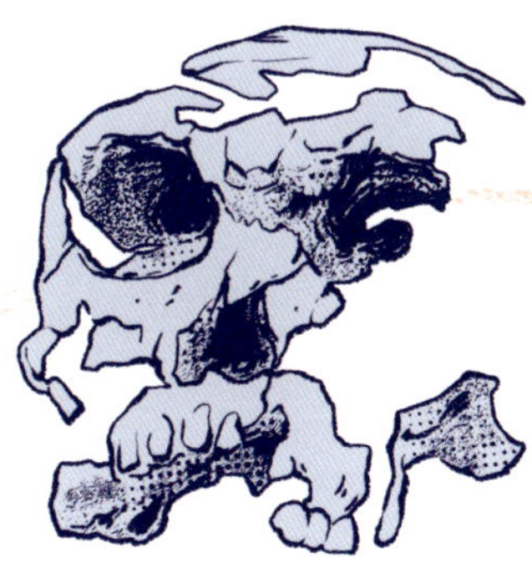

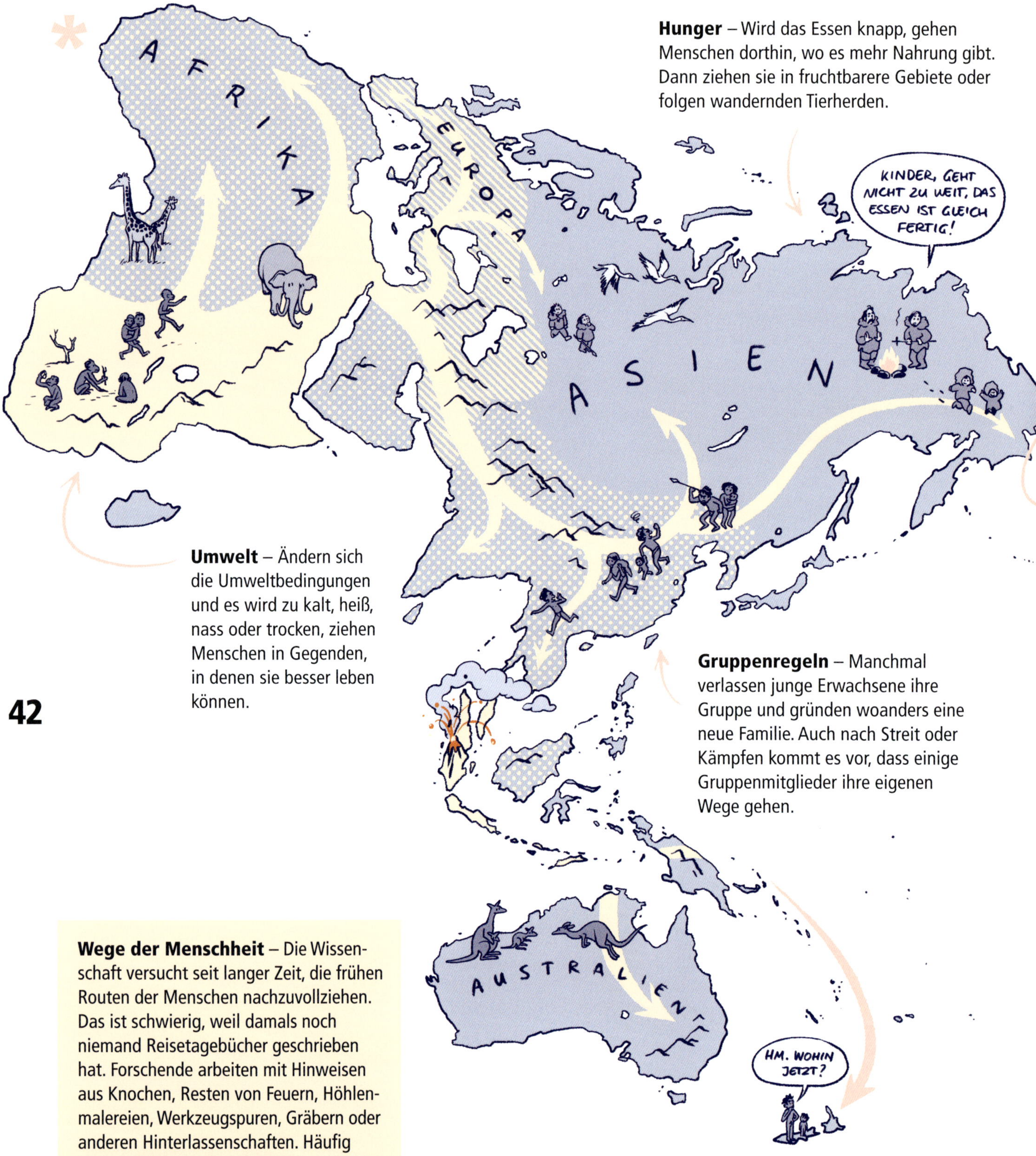

Hunger – Wird das Essen knapp, gehen Menschen dorthin, wo es mehr Nahrung gibt. Dann ziehen sie in fruchtbarere Gebiete oder folgen wandernden Tierherden.

Umwelt – Ändern sich die Umweltbedingungen und es wird zu kalt, heiß, nass oder trocken, ziehen Menschen in Gegenden, in denen sie besser leben können.

Gruppenregeln – Manchmal verlassen junge Erwachsene ihre Gruppe und gründen woanders eine neue Familie. Auch nach Streit oder Kämpfen kommt es vor, dass einige Gruppenmitglieder ihre eigenen Wege gehen.

Wege der Menschheit – Die Wissenschaft versucht seit langer Zeit, die frühen Routen der Menschen nachzuvollziehen. Das ist schwierig, weil damals noch niemand Reisetagebücher geschrieben hat. Forschende arbeiten mit Hinweisen aus Knochen, Resten von Feuern, Höhlenmalereien, Werkzeugspuren, Gräbern oder anderen Hinterlassenschaften. Häufig bleibt unklar, ob eine Gruppe zum Beispiel von Osten nach Westen wanderte oder von Westen nach Osten. Fest steht: Die Menschheit war dauernd in Bewegung – und ist es bis heute. Es gibt viele Gründe dafür, dass Menschen den Ort wechseln.

Land in Sicht? Der Meeresspiegel war in der Vergangenheit zum Teil viel niedriger als heute. Darum konnten Menschen zu Fuß durch manche Gegenden laufen, die heute unter Wasser liegen.

Woher, wohin? Die ersten Menschen haben sich in Afrika entwickelt. Von dort aus zogen einige von ihnen nach Asien, Australien und Europa. Später schafften es manche nach Amerika. Heute leben Menschen überall auf der Welt. Die Ausbreitung verlief über einen sehr langen Zeitraum: Meist brachen kleine Gruppen auf und zogen ein paar Kilometer weiter, später wiederholte sich das. Das alles waren keine geplanten Wanderausflüge oder Umzüge. Die Menschen breiteten sich dahin aus, wo sie gut leben konnten. Landkarten gab es nicht, und dass Afrika ein Kontinent ist, war noch lange nicht bekannt.

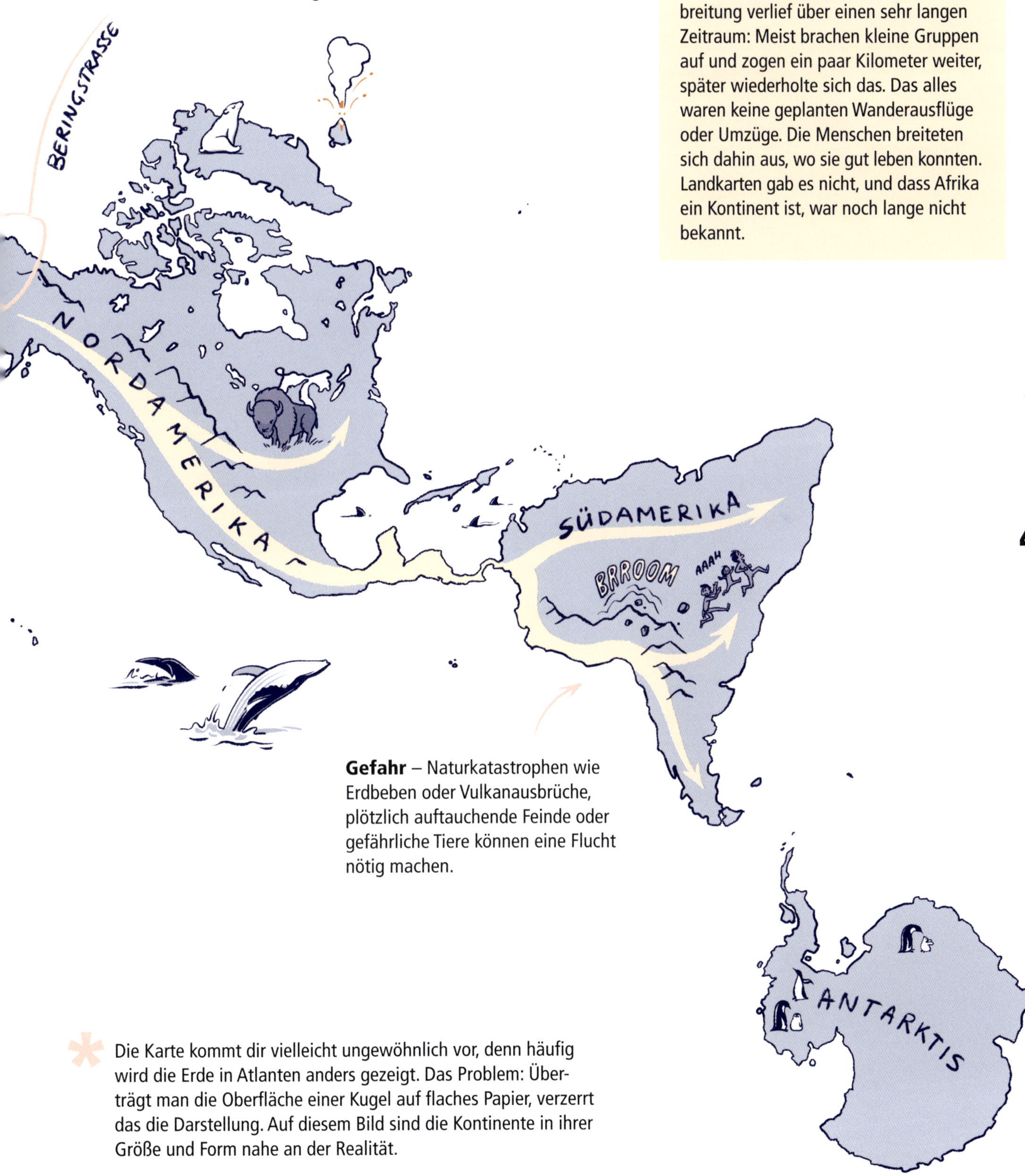

Gefahr – Naturkatastrophen wie Erdbeben oder Vulkanausbrüche, plötzlich auftauchende Feinde oder gefährliche Tiere können eine Flucht nötig machen.

* Die Karte kommt dir vielleicht ungewöhnlich vor, denn häufig wird die Erde in Atlanten anders gezeigt. Das Problem: Überträgt man die Oberfläche einer Kugel auf flaches Papier, verzerrt das die Darstellung. Auf diesem Bild sind die Kontinente in ihrer Größe und Form nahe an der Realität.

Am Anfang schien alles einfach und logisch. Als die ersten menschlichen Fossilien gefunden wurden, passten diese gut zur damaligen Theorie, wie die Menschheit entstanden sei.

Die Überlegung war: Aus ganz frühen Zweibeinern entwickelten sich irgendwann heutige Menschen. Man ging davon aus, dass ein älteres Fossil automatisch immer der Vorfahre eines jüngeren Fossils gewesen sein muss.

Denkste! Mit der Zeit tauchten Funde auf, die nicht mehr gut in dieses einfache Bild passten. Zum Beispiel wurde klar, dass mehrere Arten gleichzeitig gelebt haben. Heute steht fest, dass unsere menschliche Familiengeschichte kompliziert ist. Sie ist die Geschichte von Milliarden Menschen unterschiedlicher Arten, über Hunderttausende Generationen hinweg an vielen Orten weltweit. Stell es dir wie ein großes Puzzle vor. Allerdings gibt es noch immer nur wenige Teile. Jedes neue Fossil fügt ein kleines Teil hinzu. Und jedes Mal wird das Bild größer, bunter und komplizierter. Deswegen müssen Forschende häufig umdenken.

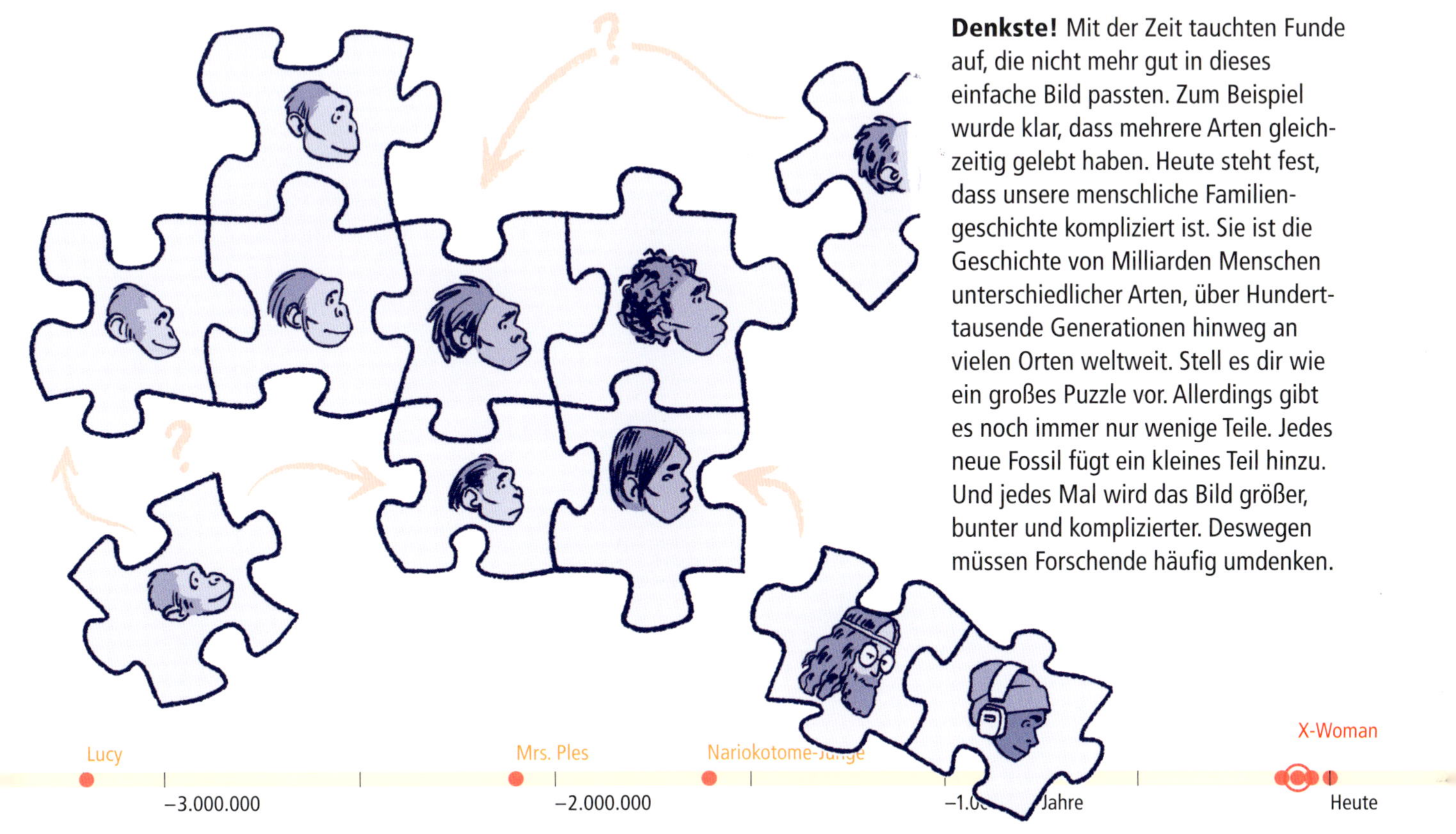

Die größte Erfindung aller Zeiten: Schon vor mehr als einer Million Jahren nutzten Menschen Feuer. Vermutlich entdeckten sie es zufällig, etwa nachdem ein Blitz in einen Baum eingeschlagen hatte. Als sie lernten, Flammen zu entnehmen und Glut zu bewachen, hat das ihr Leben grundlegend verändert. Es dürfte lange gedauert haben, bis sie Feuer jederzeit selbst entzünden und überall nutzen konnten.

Feuer spendet Wärme. Es half unseren Vorfahren dabei, auch in kalte Gegenden vorzudringen. Außerdem bieten Flammen Schutz vor Raubtieren und der Rauch verscheucht Insekten.

Braten, kochen, grillen: Auf dem Feuer gegarte Nahrungsmittel sind besser verträglich als rohe. Das brachte Menschen auch Zeit. Denn wer zum Beispiel ein Steak mit gekochten Hülsenfrüchten isst, bekommt mit einer Mahlzeit viel Energie – und kann den ganzen Tag wandern, bauen oder werkeln, statt dauernd essen zu müssen.
Menschen bauen Häuser erst seit kurzer Zeit und auch nicht überall auf der Welt. Noch heute leben manche Menschen in Zelten oder schlafen bei gutem Wetter unter freiem Himmel. Schon immer haben Tiere und Menschen auch natürliche Schutzräume genutzt – etwa Höhlen oder Felsdächer. Dort regnet es nicht, der Wind bläst kaum und es wird nicht so kalt. Für die Wissenschaft sind Höhlen wichtig, da Überreste von Menschengruppen dort meist gut erhalten sind.
Feuer macht Licht: Wenn es dunkel wird, können Menschen so den Tag verlängern – und spielen, Geschichten erzählen oder Dinge erfinden.
„Höhlenmensch"?! Vielleicht hast du diesen Begriff schon einmal gehört. Er sagt eigentlich nur aus, dass eine Person in einer Höhle oder in der Nähe lebte. Manche benutzen das Wort, um auszudrücken, dass jemand rückständig oder primitiv ist. Doch das waren diese Menschen gar nicht!

Stichwort Klimawandel: Dabei denkst du bestimmt an die Erderwärmung, die wir heute überall sehen. Dass sich das Klima auf der Erde verändert, ist aber nichts Neues. Und manche Klimaveränderungen waren Antreiber für die Evolution – auch die Entstehungsgeschichte der Menschen wurde durch das Klima entscheidend beeinflusst.

Vor rund sieben Millionen Jahren wurde es in Afrika am Äquator deutlich trockener, über Jahrtausende gab es weniger Regen als zuvor. Dadurch schrumpften viele der großen Urwälder, offene Landschaften entstanden. Unter diesen neuen Umweltbedingungen entwickelten sich mit der Zeit die ersten Zweibeiner – unsere Vorfahren.

Blieb das Klima lange recht stabil, gab es auch in der Tier- und Pflanzenwelt kaum Wandel. Deutlich wechselhafter und kühler wurde es vor rund 800.000 Jahren in Ostafrika. Wahrscheinlich machten sich auch deswegen Menschen aus dieser Gegend auf den Weg und einige gelangten auf andere Kontinente.

Mehrfach haben sich Eis- und Warmzeiten abgewechselt, wobei auch die Wasserstände der Meere und Ozeane schwankten. In Zeiten niedriger Meeresspiegel war so manche Insel mit dem Festland verbunden. Und in Sibirien gab es zeitweise eine Landbrücke zwischen Asien und Amerika!

Toumaï — Ardi

–7.000.000 | –6.000.000 | –5.000.000 | –4.000.000

Je anpassungsfähiger eine Menschenart war, desto besser überlebte sie, wenn sich die Umwelt änderte. Das galt etwa für *Homo erectus*: Diese Art existierte fast zwei Millionen Jahre lang!

Auch unsere Art kommt gut mit unterschiedlichen Klimaverhältnissen zurecht. Mit Häusern, Heizungen und moderner Kleidung kann *Homo sapiens* sogar in der Antarktis überleben. Allerdings haben heutige Menschen mit Erfindungen wie Kohlekraftwerken und industrieller Landwirtschaft auch die Klimakreisläufe des Planeten durcheinandergebracht. Deswegen heizt sich das Klima seit einigen Jahrzehnten so schnell auf wie nie zuvor. Dieser Klimawandel ist nicht mit früheren vergleichbar!

X-WOMAN

(X steht für das Rätsel, das sie zunächst war. Da es ein Kind war, wäre X-Girl eigentlich passender.)

Lebte vor: mehr als 50.000 Jahren
Gefunden in: Russland, Sibirien, Asien (2010)
Alter: 5 bis 7 Jahre
Körpergröße: unklar
Lebte im: Gebirge
Lieblingsessen: viel Fleisch und Pflanzen
Besonders: winziger Fund, der für eine riesige Überraschung sorgte

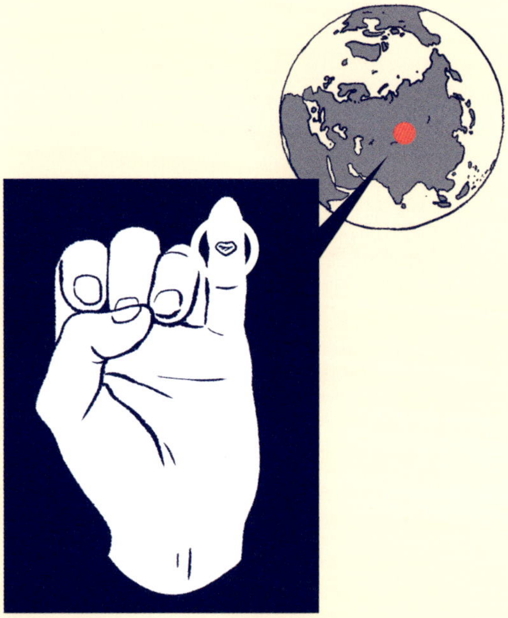

Gehörte zu

Denisova-Menschen

(nach dem Fundort Denisova-Höhle in Sibirien)

Wichtig: Es gibt nur wenige Funde, aber in ihnen ist noch Erbgut enthalten. Im Labor wurde klar: Dies ist eine zuvor unbekannte Menschenform.
Gut zu wissen: Bisher wurden nicht genug Knochen gefunden, um der Gruppe einen wissenschaftlichen Namen zu geben. Sie lebten ungefähr von vor 200.000 bis vor 50.000 Jahren.

Wer bist du denn?! 2008 erlebte ein Forschungsteam eine Sensation. Es untersuchte Knochenreste aus der Denisova-Höhle in Sibirien, wo lange Zeit Neandertaler gelebt hatten. Zu den Fundstücken zählte ein wenige Millimeter großes Knöchelchen eines kleinen Fingers. Alle Wissenschaftlerinnen und Wissenschaftler gingen davon aus, dass es von einem Neandertaler stammte.

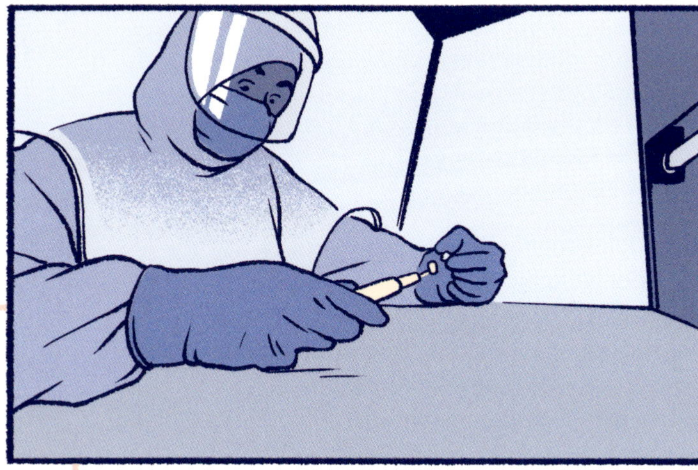

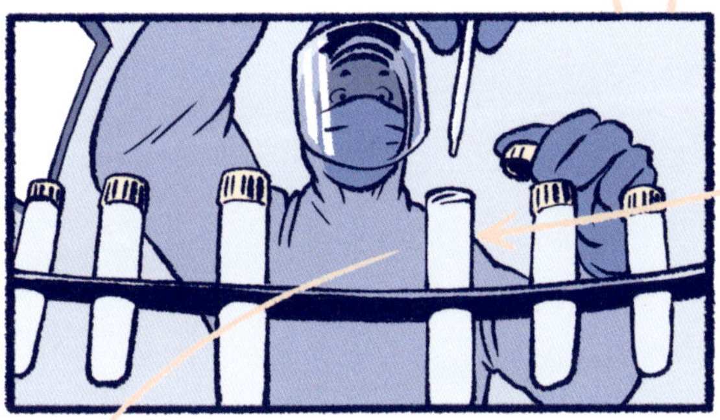

Von wegen! Als die Forschenden das Erbgut aus dem Inneren des Knochens untersuchten, wurde klar, dass es weder zu Neandertalern gehörte noch zu unserer Art (*Homo sapiens*). Dieses Erbgut war etwas Neues – Überbleibsel einer bis dahin unbekannten Menschenform! Sie wurde später nach dem Fundort benannt: Denisova-Menschen. Es war die erste Menschengruppe, die im Genetiklabor entdeckt wurde.

Jedes Lebewesen trägt einen Code in sich. Er verschlüsselt alle Informationen darüber, wie dieses Wesen – sei es ein Flughörnchen, Kaktus oder Mensch – aufgebaut ist, aussieht und funktioniert. Der Code heißt DNA und wird auch Erbgut genannt. Er findet sich im Inneren fast jeder Körperzelle und ist eine Art Bauanleitung.

Etwa zwei Meter lang ist der DNA-Faden, der im Kern fast jeder menschlichen Zelle steckt – auch bei dir! Die DNA ist eine chemische Verbindung. Sie besteht aus Einzelteilen, die mit den vier Buchstaben A, T, G und C abgekürzt werden. Sie ähnelt einer gedrehten Strickleiter und ist extrem dicht verpackt.

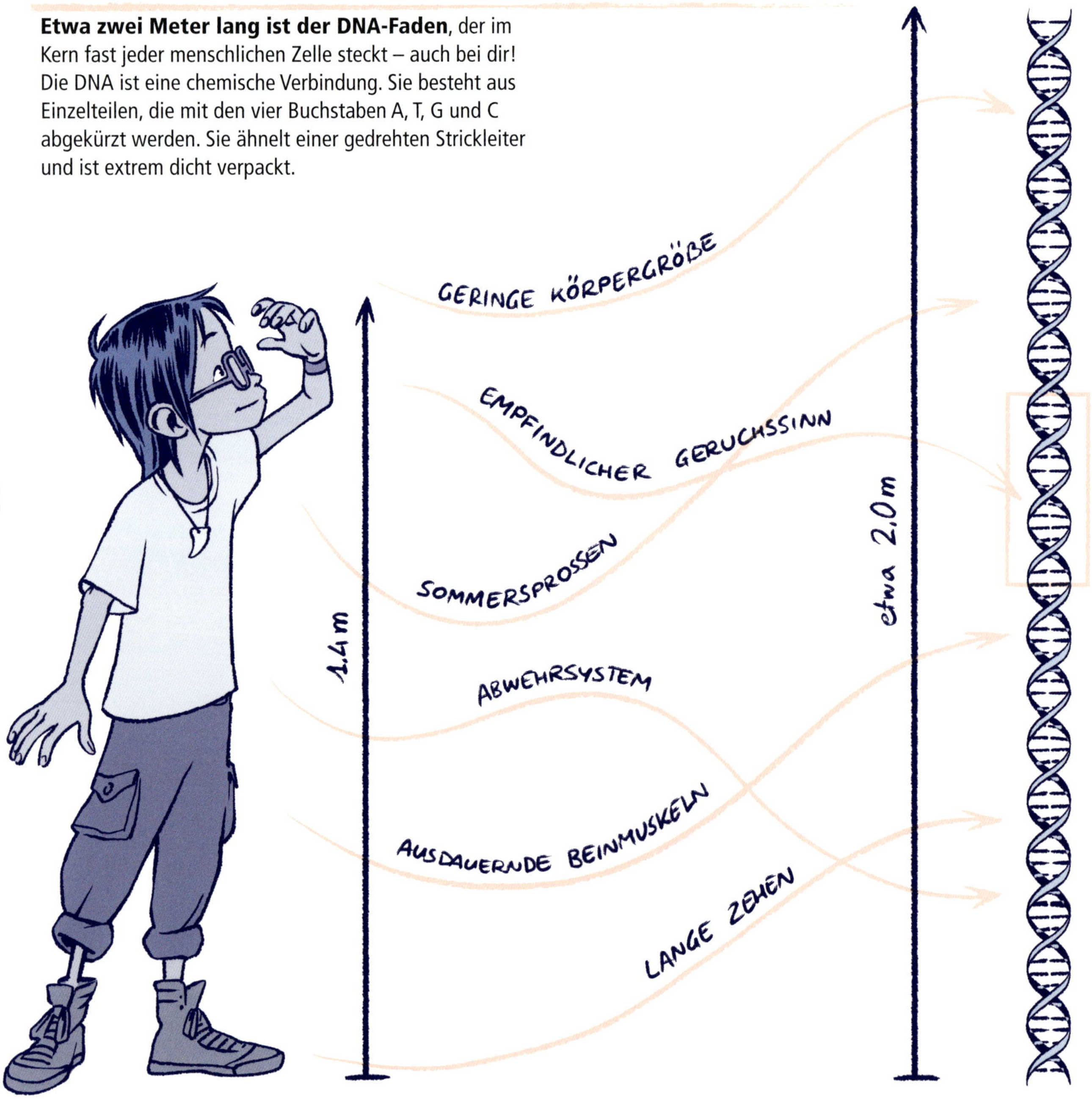

Achtung, Zeit läuft ab! Stirbt ein Lebewesen, zerfällt sein Erbgut in der Regel ziemlich schnell. Ist es jedoch trocken oder sehr kalt, kann es lange erhalten bleiben – mit Glück viele Tausend Jahre. Genau danach suchen Forschende in Fossilien. Um an den Code zu kommen, pulverisieren sie ein Stück Knochen oder einen Zahn und untersuchen dieses im Labor. Mittlerweile ist nicht nur das Erbgut von heute lebenden Menschen (*Homo sapiens*) bekannt, sondern auch von zwei Frühmenschen, nämlich von Neandertalern und Denisova-Menschen.

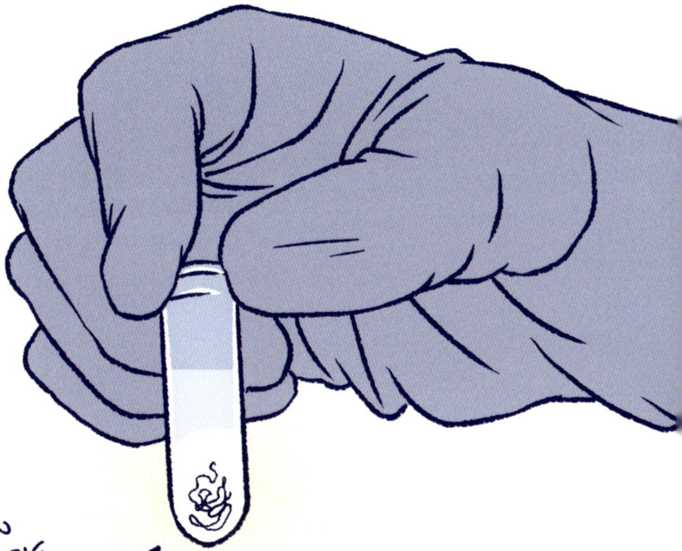

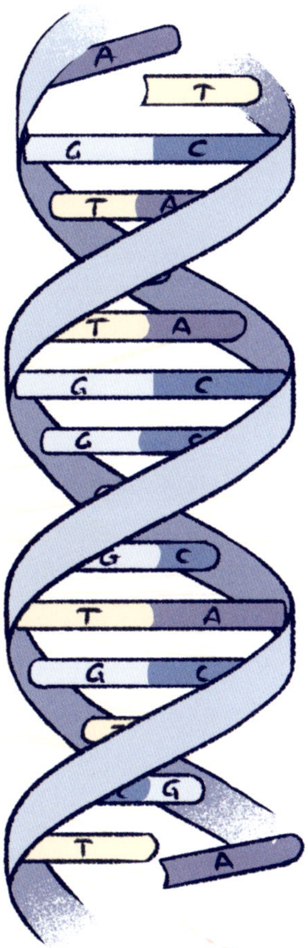

MINI-AUSSCHNITT AUS DEM DNA-CODE EINES HOMO SAPIENS

...AGGGAAGAAGGTGTGTGACCAGGGAGGTCCCC
GGCCCAGCTCCCATCCCAGAACCCAGCTCACCTAC
CTTGAGAGGCTCGGCTACCTCAGTGTGGAAGGTGG
GCAGTTCTGGAATGGTGCCAGGGGCAGAGGGGGC
AATGCCGGGGCCCAGGTCGGCAATGTACATGAGGT
CGTTGGCAATGCCGGGCAGGTCAGGCAGGTAGGAT
GGAACATCAATCTCAGGCACCTGGCCCAGGTCTGG
CACATAGAAGTAGTTCTCTGGGACCTGCAAGATTAG
GCAGGGACATGTGAGAGGTGACAGGGACCTGCAG
GGGCAGCCAACAAGACCTTGTGTGCACCTCCCATG
GGTGGAATAAGGGGCCCAACAGCCTTGACTGGAGA
GGAGCTCTGGCAAGGCCCTGGGCCACTGCACCTGT
CTCCACCTCTGTCCCACCCCTCCCACCTGCTGTTCC
AGCTGCTCTCTCTTGCTGATGGACAAGGGGGCATC
AAACAGCTTCTCCTCTGTCTCTGCCCCCAGCATCAC
ATGGGTCTTTGTTACAGCACCAGCCAGGGGGTCCA
GGAAGACATACTTCTTCTACCTACAGAGGCGACATG
GGGGTCAGGCAAGCTGACACCCGC...

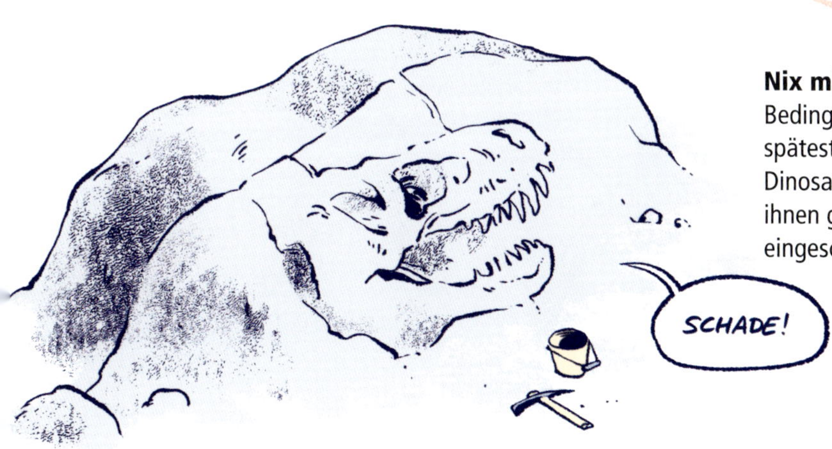

Nix mit Dinosaurier-DNA: Selbst bei optimalen Bedingungen ist irgendwann kein Erbgut mehr vorhanden – spätestens nach ein paar Hunderttausend Jahren. Dinosaurier lebten vor mehr als 65 Millionen Jahren. Von ihnen gibt es deswegen keine DNA mehr. Nicht einmal eingeschlossen in Bernstein.

Klein, kleiner, Flores-Menschen: Bei den Menschen auf dieser Insel waren viele Erwachsene nur etwa einen Meter groß! Das hat vermutlich mit der Insel zu tun. Einer Theorie zufolge funktioniert das so: Wenn viele Mitglieder einer Art in einem eng umgrenzten Gebiet leben, werden sie mit der Zeit kleiner. Das dauert viele, viele Generationen. Forschende sprechen hier von sogenannter Inselverzwergung.

Kleine Wesen kommen im Vergleich zu großen auf Inseln besser zurecht. Sie finden leichter Verstecke, benötigen weniger Nahrung, überleben eher und bekommen wahrscheinlich mehr Kinder. Und deren kleinere Kinder finden wieder leichter Verstecke, benötigen weniger Nahrung, überleben eher und können wieder mehr Kinder bekommen …

Toumaï | Ardi

–7.000.000 | –6.000.000 | –5.000.000 | –4.000.000

Andere Beispiele kleiner Insel-Wesen (die meisten sind heute ausgestorben):

Schritt für Schritt: Menschen können gut laufen und die frühen Menschen konnten auch gut klettern. Aber gab es noch andere Fortbewegungsarten?

Reiten? Vielleicht. Zumindest reiten kleine Schimpansen auf dem Rücken ihrer Eltern. Aber frühe Menschen sind wahrscheinlich noch nicht auf großen Tieren wie Elefanten, Wildpferden oder Hirschen geritten, denn die waren viel zu wild.

Fahrradfahren? Nein. Das Rad ist eine neuere Erfindung.

Schwimmen und Paddeln? Unklar, denn dafür gibt es keine archäologischen Beweise. Es ist recht wahrscheinlich, dass viele Menschen in Küstennähe schwimmen und tauchen konnten. Vermutlich fuhren oder paddelten Menschen auch früh schon auf Baumstämmen.

FLO

(nach dem Kürzel des wissenschaftlichen Namens)

Lebte vor: rund 80.000 Jahren
Gefunden auf: der Insel Flores in Indonesien, Südostasien (2003)
Alter: erwachsen
Körpergröße: etwas größer als 1 Meter
Lebte in: offenem Grasland mit einer riesigen Höhle
Lieblingsessen: Fleisch
Besonders: sehr, sehr klein

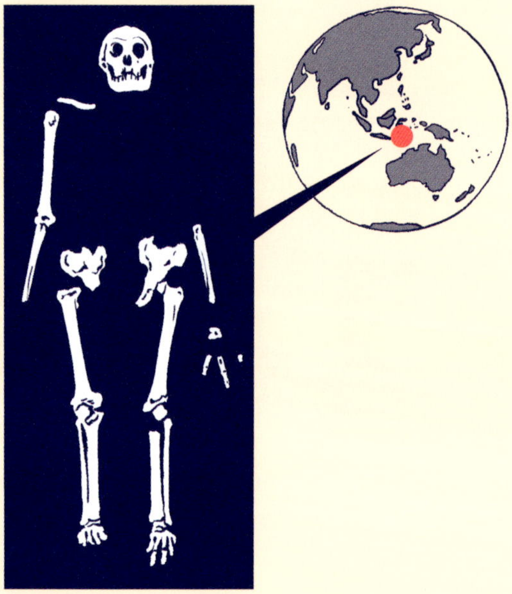

Gehörte zur Art

Homo floresiensis

(übersetzt: Mensch aus Flores)

Wichtig: Funde dieser Menschen gibt es bisher nur von Flores. Wie sie auf die Insel kamen, ist unklar.
Gut zu wissen: Sie lebten etwa in der Zeit von vor 100.000 bis vor 60.000 Jahren.
Funfact: Manche nennen sie „Hobbits" wie die erfundenen kleinen Menschenwesen in einem Buch des englischen Schriftstellers J. R. R. Tolkien.

Ein vollkommen rätselhafter Fund: 2003 entdeckten Forschende auf der indonesischen Insel Flores ungewöhnlich kleine Menschenknochen. Die Verblüffung war groß. Kurz darauf kam die noch größere Überraschung: Die Datierung der Knochen zeigte, dass diese bis dahin unbekannte Menschenart noch vor 18.000 Jahren lebte! Dabei gingen bis dahin alle davon aus, dass es seit 30.000 Jahren nur noch unsere Menschenart *Homo sapiens* gab.

Die Funde passten einfach nicht ins Bild! Es gab keine Erklärung dafür, wie die Inselmenschen so lange überlebt haben könnten. Deshalb behaupteten einige Forschende sogar, dass eine Krankheit für die winzigen Körper und die kleinen Schädel dieser Menschen verantwortlich war. Doch diese Theorie überzeugte nicht.

Das Rätsel wurde erst 2016 gelöst, als die Funde erneut auf ihr Alter untersucht wurden. Ergebnis: Die Knochen müssen mindestens 60.000 Jahre alt sein. Ein Aufatmen ging durch die Forschungswelt. Denn nun war klar, dass nur die Datierung falsch war – aber alles andere nicht.

Menschen sprechen, Affen nicht. Wir wissen nicht genau, wann sich die Lautsprache entwickelt hat. Über Neandertaler wurde lange behauptet, dass sie diese menschliche Fähigkeit nicht hatten. Doch das stimmt nicht.

1983 wurde bei Ausgrabungen in Israel das Skelett eines Neandertalers entdeckt, bei dem das Zungenbein vollständig erhalten war. Dieser kleine Knochen sah genauso aus wie bei heutigen Menschen. Einen weiteren Beweis gab es 2007: Ein Forschungsteam fand heraus, dass Neandertaler im Erbgut dasselbe Sprachgen hatten wie wir. Es gibt also keinen Grund, Neandertalern diese Fähigkeit abzusprechen – zumal ihre Kultur ohne eine Sprache wohl nicht möglich gewesen wäre.

In welcher Sprache sie gesungen, gestritten und sich gegenseitig Witze erzählt haben, wird wohl ein Geheimnis bleiben.

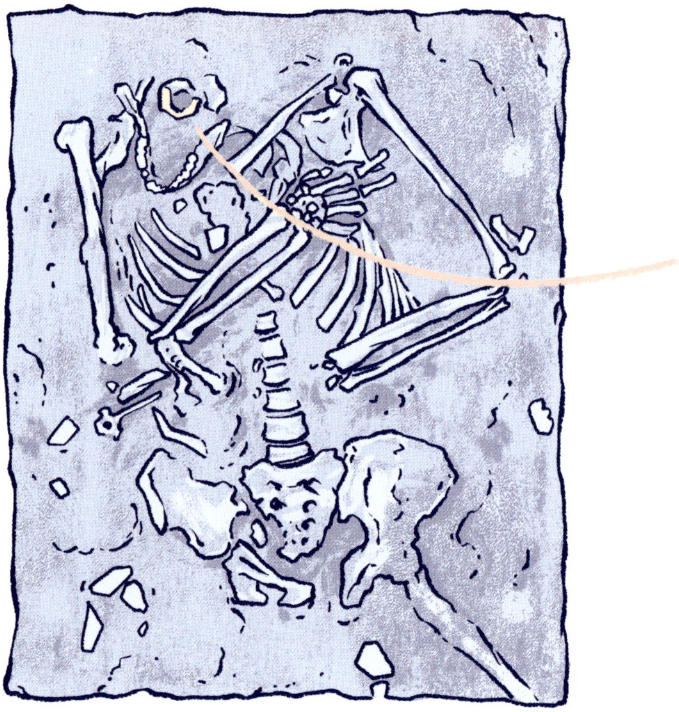

Stopp!
Lasst mich runter!
XYZO! ARDI!
NARIOOO!
AAARR'OO
KZÜ-ZO
KZÜ-ZO
HAHAHA
So eine Katastrophe, ohne Übersetzer verstehen sie mich hier nicht.
XYZO!!! HILFE!

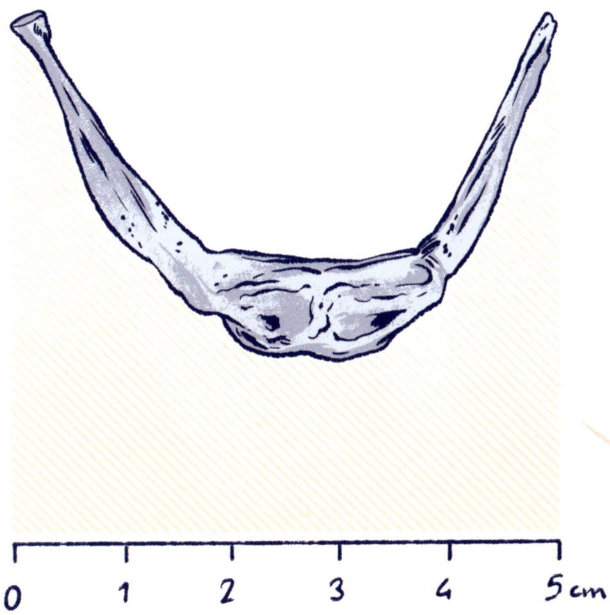
0
1
2
3
4
5 cm

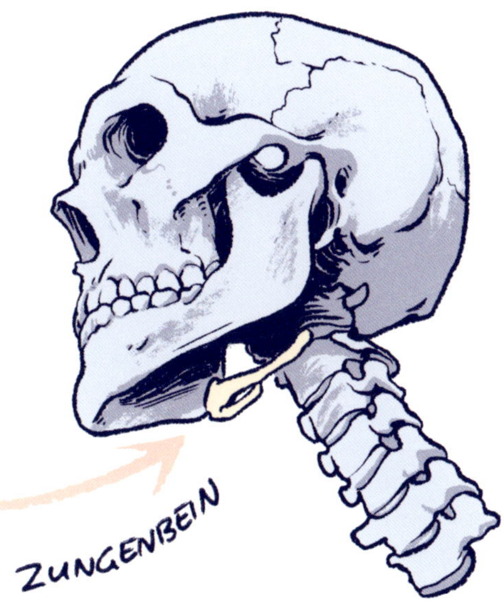
ZUNGENBEIN

Lucy
Mrs. Ples
Nariokotome-Junge
Flo
X-Woman
Alter Mann
–3.000.000
–2.000.000
–1.000.000 Jahre
Heute

Neandertaler heißen Neandertaler, weil Knochen eines Neandertalers im Neandertal gefunden wurden. Aber der Reihe nach. 1856 schaufelten Bauarbeiter in dem Tal nahe der deutschen Stadt Düsseldorf in einer Höhle. Als sie dabei auf Knochen stießen, warfen sie diese achtlos aus der Höhle. Dort bemerkte der Steinbruchbesitzer die Gebeine, die er für Knochen eines Höhlenbären hielt. Er rief den Lehrer Johann Carl Fuhlrott hinzu, der sofort sah: Das sind die Überreste eines eiszeitlichen Menschen.

Es waren die ersten Fossilien eines frühen Menschen, die als solche erkannt wurden!

Zu der Zeit glaubten die meisten Leute, dass Gott die Menschen erschaffen hat und sie zu allen Zeiten gleich aussahen. Selbst berühmte Forscher bestritten, dass es vor *Homo sapiens* andere Menschen gab. Es dauerte acht Jahre, bis dieses Skelett einer neuen Menschenart zugerechnet wurde: *Homo neanderthalensis*.

Beginn der Paläoanthropologie: Die Entdeckung der Neandertaler war der Startschuss für die Erforschung der Menschwerdung.

JOHANN CARL FUHLROTT

FUND „NEANDERTAL 1“

Toumaï — Ardi

−7.000.000 | −6.000.000 | −5.000.000 | −4.000.000

NEANDERTAL UM 1800

1856 KAMEN DIE KNOCHEN BEI BERGARBEITEN ZUM VORSCHEIN

Nicht die Hohlköpfe mit der Keule: Es gibt keine zweite Chance für den ersten Eindruck – dieser alte Spruch passt leider auch auf die Neandertaler. Denn seit ihrer Entdeckung hieß es häufig: „Klar, diese Höhlenmenschen sind ausgestorben, weil sie nicht klug genug waren." Doch das stimmt nicht. Neandertaler waren:
künstlerisch Vermutlich verzierten Neandertaler Gegenstände und Höhlenwände.
erfinderisch Sie stellten viele unterschiedliche Werkzeuge und Waffen her.
HAHAHA
AU!
mobil Das bedeutet, sie legten weite Strecken zurück. Neandertaler lebten zuerst in Europa und breiteten sich dann bis nach Asien aus.
modebewusst Neandertaler stellten Kleidung und Schmuck her. Wahrscheinlich schminkten sie sich auch.
liebevoll Sie kümmerten sich fürsorglich um Kranke und Alte und bestatteten ihre Toten.

sozial
Sie lebten in einigen Regionen lange Zeit in der Nähe unserer Vorfahren (*Homo sapiens*). Wahrscheinlich tauschten sie Waffen, Werkzeuge und andere Dinge. Und sie bekamen gemeinsame Kinder.
Grillmeister
Neandertaler beherrschten das Feuer. Bei ihnen kam alles auf den Grill, was nicht schnell genug wegrennen, wegschwimmen oder wegfliegen konnte.
sehr stark
Neandertaler waren zwar etwas kleiner als heutige Menschen, aber enorm stark. Ihre Unterarme waren leicht gedreht. Damit würden sie heute beim Armdrücken die meisten von uns besiegen.
gesprächig
Sie konnten sprechen, wahrscheinlich auch singen.
Erfolgreiche Verwandte: All diese Fähigkeiten lassen sich aus Funden ableiten, vermutlich konnten Neandertaler noch viel mehr. Vielleicht glaubten sie an höhere Mächte wie göttliche Wesen und dachten über ein Leben nach dem Tod nach? Das werden wir nie wissen. Fest steht: Sie lebten mehrere Hunderttausend Jahre erfolgreich in Europa und Asien!

Steinzeitsex: Wer hatte Kinder mit wem? Treffen sich zwei und kommen sich näher ... Liebesgeschichten hat es früher nicht nur zwischen Menschen einer Art gegeben – also *Homo sapiens* mit *Homo sapiens*, Neandertaler untereinander oder Denisova-Mensch mit Denisova-Mensch – sondern auch über diese Grenzen hinweg! Damals lebten die drei Menschenformen gleichzeitig und manchmal auch in unmittelbarer Nähe. Immer wieder sind sich Leute aus den unterschiedlichen Gruppen begegnet. Einige von ihnen hatten Sex miteinander – und immer mal wieder wurden dann auch Kinder geboren.

Toumaï — Ardi

–7.000.000 –6.000.000 –5.000.000 –4.000.000

Erste Spuren an einem Kind: Im Jahr 1998 wurde bei einer Ausgrabung in Portugal das Grab eines vier bis fünf Jahre alten Kindes gefunden. Obwohl es der Art *Homo sapiens* zugerechnet wurde, zeigt sein Schädel Besonderheiten, die typisch für Neandertaler sind. Waren unter den Eltern oder Großeltern des Kindes also irgendwann auch Neandertaler?

Beweis im Labor: Inzwischen haben Genetikteams mehrfach nachgewiesen, dass es gemeinsame Kinder von Neandertalern und *Homo sapiens* gab. Und zwar gar nicht so selten. Im Erbgut ausgegrabener Skelette fanden Forschende immer wieder DNA beider Arten. Klar ist auch, dass diese Kinder später selbst wieder Kinder hatten. Auf diese Weise blieben Teile des Neandertaler-Erbguts erhalten.

Vielfältiges Erbe: Neben dieser Kombination gab es Kinder von folgenden Eltern:

Neandertaler in uns: Viele Menschen, vor allem in Europa und Asien, tragen heute noch Neandertalergene in sich. Vielleicht auch du! Sie sind heute in manchen Menschen zum Beispiel für bestimmte Besonderheiten im Immunsystem verantwortlich.

ALTER MANN VON LA CHAPELLE

(benannt nach Fundort)

Lebte: irgendwann in der Zeit von vor 60.000 bis vor 40.000 Jahren
Gefunden in: Frankreich, Europa (1908)
Alter: 45 bis 65 Jahre
Körpergröße: etwa 1,60 Meter
Lebte in: Waldgebieten
Lieblingsessen: viel Fleisch, auch Obst und Gemüse
Besonders: Der Tote wurde in einem Grab bestattet.

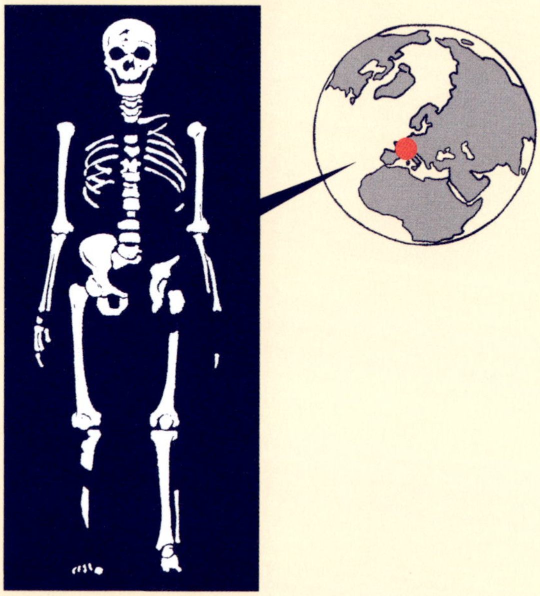

Gehörte zur Art

Homo neanderthalensis

(übersetzt: Mensch aus dem Neandertal)

Wichtig: Viele Leute unterschätzen diese Menschenart noch immer.
Gut zu wissen: Sie lebten sehr lange fast überall im damals eisigen Europa – ungefähr von vor 230.000 bis vor zirka 30.000 Jahren.
Funfact: Sie sind nicht ganz ausgestorben. Denn viele heutige Menschen tragen noch ein bisschen Neandertalererbgut in sich.

TALI

(schöner Name, oder?!)

Lebt: heute (lebt noch)
Alter: 11 Jahre (altert noch)
Körpergröße: 1,40 Meter (wächst noch)
Lebt in: deiner Nähe
Lieblingsessen: Bananen und Erdbeeren
Besonders: kann durch die Zeit reisen

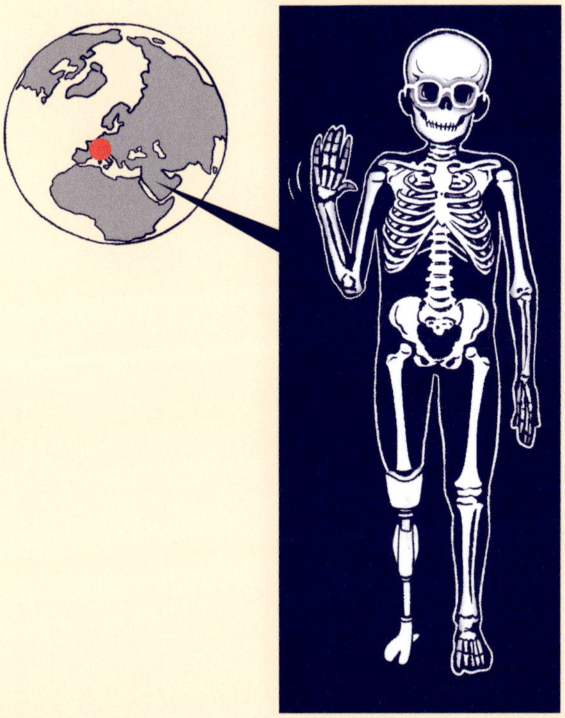

Gehört zur Art

Homo sapiens

(übersetzt: der befähigte Mensch)

Wichtig: weltweite Ausbreitung, einzige heute lebende Menschenart
Gut zu wissen: Es gibt sie vermutlich seit 300.000 Jahren.

Früher war mehr los: Heute gibt es nur noch eine einzige Menschenart. Wir alle gehören zu *Homo sapiens* und sind schon rund 30.000 Jahre lang allein. Wie langweilig! Das findet auch Tali – und trifft auf der Zeitreise frühe Verwandte. Aber längst nicht alle, die es gab! Denn seit Beginn der Menschheit lebten meist mehrere Arten gleichzeitig. Je nach Zählweise gab es insgesamt mehr als 20 verschiedene. Und vielleicht sogar noch mehr.

Bei vielen Arten ist nicht sicher, ob sie andere getroffen haben – und falls ja, ob sie sich als Verwandte betrachteten oder nicht.

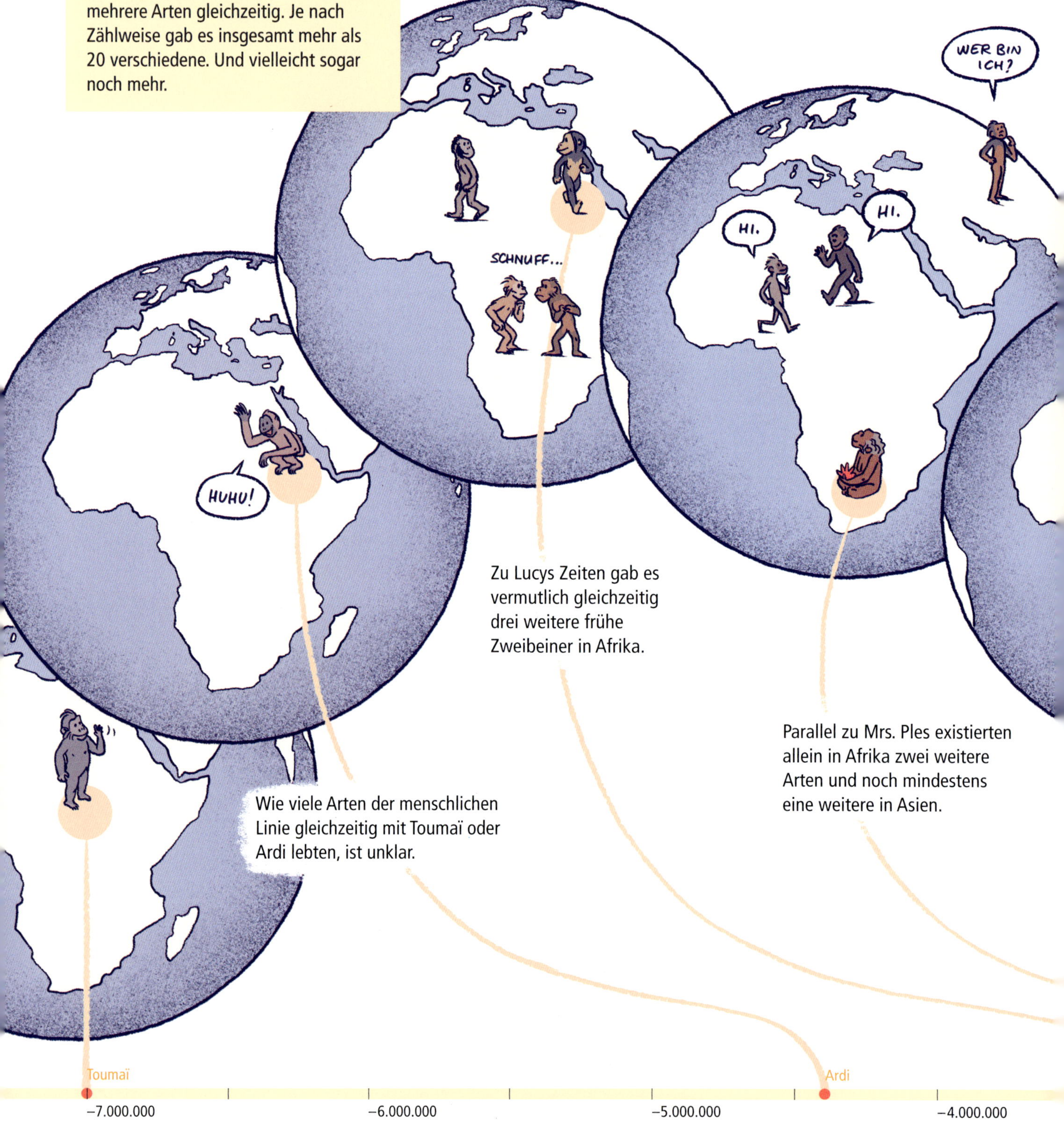

Zu Lucys Zeiten gab es vermutlich gleichzeitig drei weitere frühe Zweibeiner in Afrika.

Parallel zu Mrs. Ples existierten allein in Afrika zwei weitere Arten und noch mindestens eine weitere in Asien.

Wie viele Arten der menschlichen Linie gleichzeitig mit Toumaï oder Ardi lebten, ist unklar.

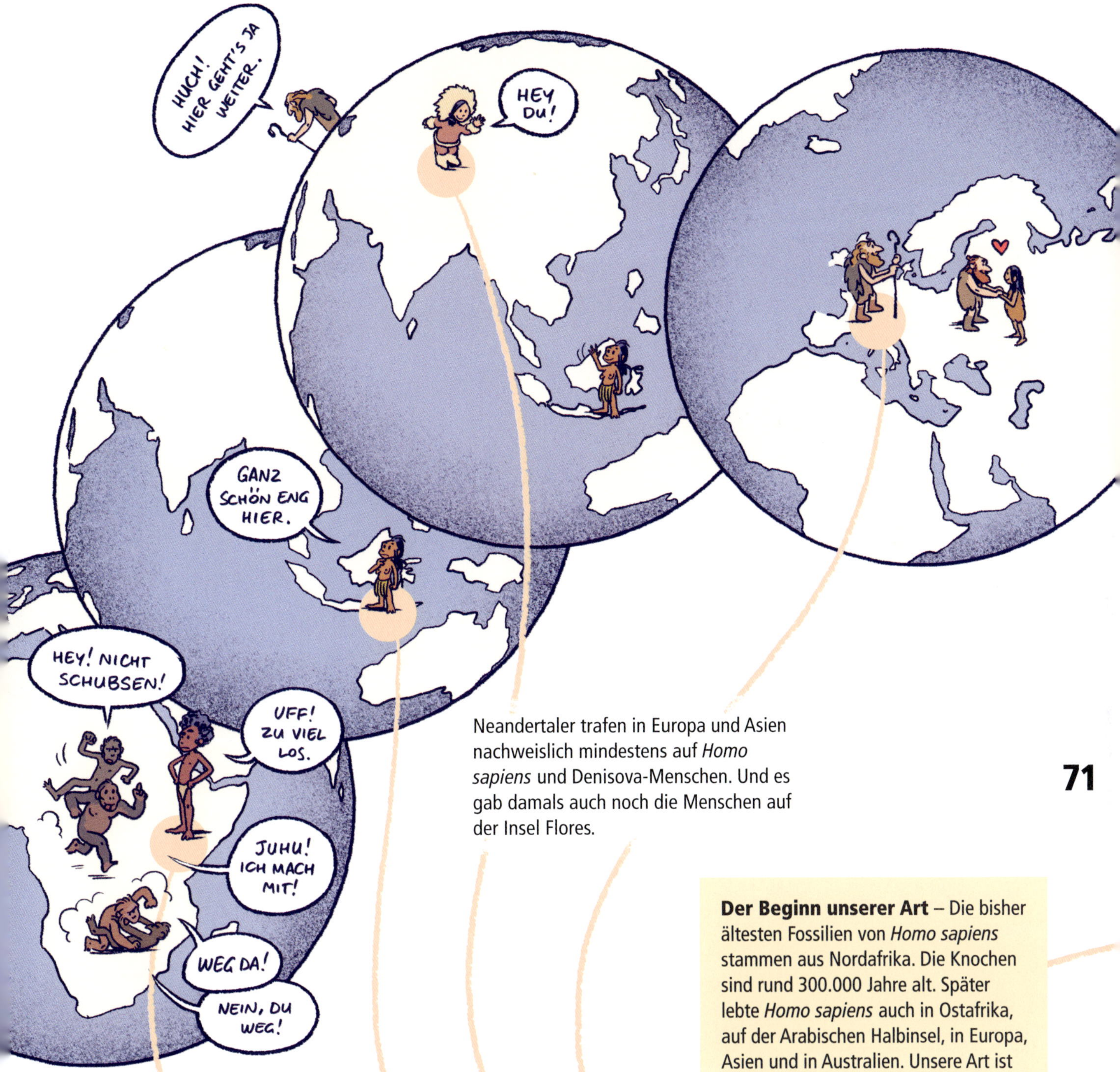

Neandertaler trafen in Europa und Asien nachweislich mindestens auf *Homo sapiens* und Denisova-Menschen. Und es gab damals auch noch die Menschen auf der Insel Flores.

Der Beginn unserer Art – Die bisher ältesten Fossilien von *Homo sapiens* stammen aus Nordafrika. Die Knochen sind rund 300.000 Jahre alt. Später lebte *Homo sapiens* auch in Ostafrika, auf der Arabischen Halbinsel, in Europa, Asien und in Australien. Unsere Art ist die einzige, die es auf alle Kontinente geschafft hat.

Es gab Zeiten, da lebten fünf Menschenformen gleichzeitig – etwa vor rund zwei Millionen Jahren in Afrika. Darunter war die Art *Homo erectus*, zu der auch Nario aus unserer Geschichte gehört.

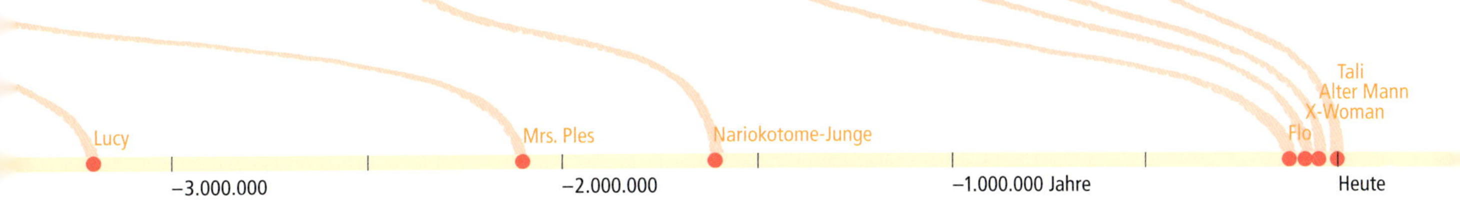

Toumaï –7.000.000 –6.000.000 –5.000.000 Ardi –4.000.000

Eure Kostüme sind meeega!
Erzählen Sie uns bitte, wie Sie den Tag heute feiern.
HEY!!
VEGAN!
HEHE
Bitte! Ich habe gesagt, wir müssen zusammenbleiben!
???
Oh nein. Der Übersetzer!

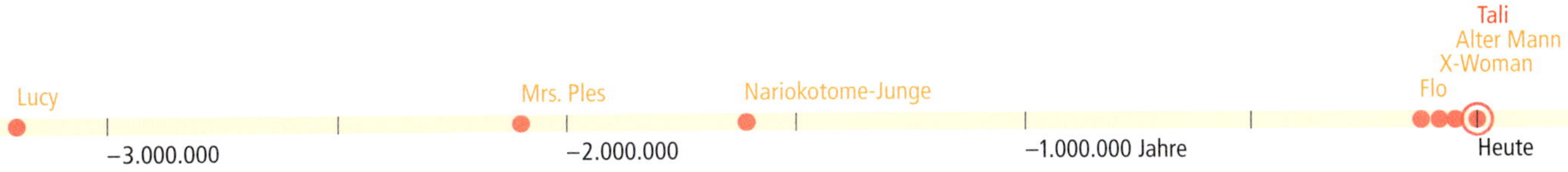
Lucy
Mrs. Ples
Nariokotome-Junge
Tali
Alter Mann
X-Woman
Flo
–3.000.000
–2.000.000
–1.000.000 Jahre
Heute

24h
Mama, ich will auch so einen Speer haben!
KINO
!
Zzz...
RRR

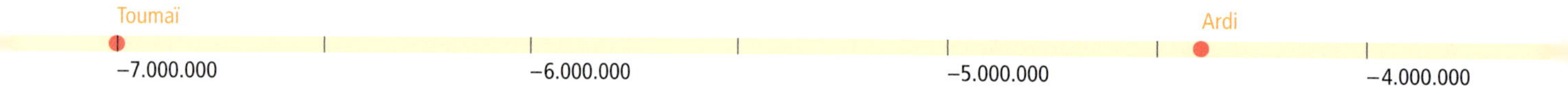
Toumaï
Ardi
–7.000.000
–6.000.000
–5.000.000
–4.000.000

!!!
!
ZOO
!
ZOO
EUM
DING DONG
Schnauf! Kaum zu glauben ...
Tali, du bist da!
Ah, wen hast du da mitgebracht?
Tali!!! Da bist du ja. Aber, äh, wer sind sie ...?
Alle mal recht freundlich, bitte ...
CHEESE!!

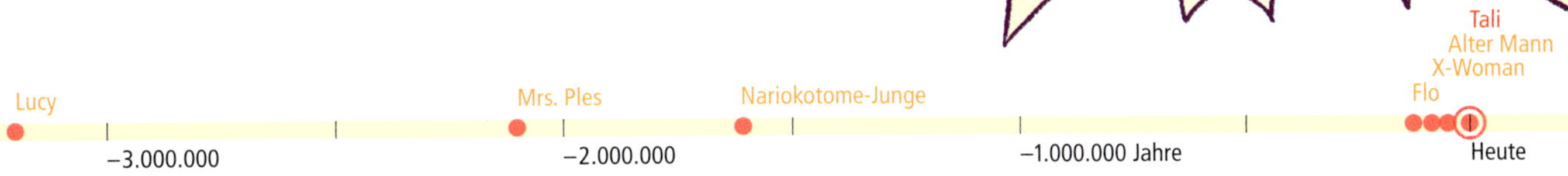
Lucy
Mrs. Ples
Nariokotome-Junge
Tali
Alter Mann
X-Woman
Flo
−3.000.000
−2.000.000
−1.000.000 Jahre
Heute

Das ist nicht das Ende der Geschichte. Eigentlich sind Toumaï, Lucy und Co. schon lange ausgestorben. Aber sie sind ein Teil unserer Geschichte – und Überbleibsel solch früher Verwandter stecken heute noch in uns. Auch in dir! Das merkst du zum Beispiel, wenn du eine Gänsehaut bekommst. Dann stellen kleine Muskeln die Haare auf. Bei unseren Vorfahren mit Fell war das wichtig, denn so bildete sich zwischen den Haaren eine wärmende Luftschicht auf der Haut. Weil die Evolution nicht stillsteht und wir bestimmte Fähigkeiten nicht mehr zum Überleben brauchen, verschwinden viele solcher alten Merkmale allmählich.

Kleinere Kiefer: Die Weisheitszähne verschwinden. Deswegen haben nicht mehr alle Erwachsenen 32 Zähne.
Das Gehirn schrumpft: Über die vergangenen Jahrtausende nahm die Größe dieses Organs bei den Menschen ab. Das heißt wahrscheinlich nicht, dass sie dümmer werden. Vermutlich können sie – ähnlich wie immer bessere Computerspeicher – mit weniger Größe mehr leisten.
WAU
WA
WAU
AAAAAAH!
80
!
ZZZ...
Hallo-ho! Oh. Ah. Also doch: ein Happy End!
Wie könnte es weitergehen? Heutige Menschen reisen durch die ganze Welt und bekommen überall miteinander Kinder. Deswegen sind sich alle Menschen (biologisch) ziemlich ähnlich. Die Evolution steht zwar nicht still. Aber aktuell ist es unwahrscheinlich, dass sich in naher Zukunft eine neue Menschenart entwickelt.

Ein unendliches Puzzle

Talis Reise ist zu Ende. Aber was du hier im Buch gelesen und gesehen hast, ist nur ein winziger Teil der vergangenen sieben Millionen Jahre Menschheitsgeschichte. Lucy, Ardi und die anderen stehen beispielhaft für die vielen Zweibeiner, die lange Zeit sehr erfolgreich auf der Erde lebten. Alle waren zu ihrer Zeit gut an die Umwelt angepasst und alle hatten besondere Fähigkeiten. Ohne sie würde es uns heute nicht geben.

Das Buch erzählt die Geschichten von acht frühen Menschenarten, die es wirklich gab. Was sie mit Tali erleben, ist natürlich ausgedacht: Ob Toumaï verfressen war und Lucy tollpatschig, wissen wir nicht. Und das wird die Forschung auch nie herausbekommen.

Ebenso wenig werden wir je erfahren, wovon Ardi geträumt hat, wie Nariokotome dachte und fühlte oder wo sich Flo in der eigenen Gruppe gesehen hat.

Nariokotome gehörte zur Art *Homo erectus*, Lucy zu *Australopithecus afarensis* und du zählst zur Art *Homo sapiens*. In der Wissenschaft sind aber viel mehr Arten beschrieben, als hier in dem Buch auftauchen. Doch wie viele hat es seit Beginn der Menschwerdung gegeben? Vielleicht waren es 20 oder 30 oder noch mehr.

Die Erforschung der Menschheitsgeschichte ist wie ein riesiges Puzzle, das nie fertig wird. Weitere Teile zu finden, ist schwierig. Aber daran arbeiten viele Forschende weltweit mit immer neuen Techniken. Mit jeder Entdeckung gibt es mehr Informationen darüber, wie wir Menschen uns entwickelt haben. So wird das Bild von der Menschwerdung Stück für Stück deutlicher. Lücken und Löcher werden leider immer bleiben. Doch auch in den kommenden Jahren wird es überraschende Funde geben – und damit weitere Hinweise auf die spannendste Geschichte überhaupt. Nämlich die von uns allen.

Das Buch erzählt nur acht Geschichten von einhundert Milliarden.

100.000.000.000 – so viele Menschen haben Schätzungen zufolge bisher insgesamt auf der Erde gelebt!

IMPRESSUM

Völckersstraße 14–20
22765 Hamburg

Konzept und Text Susan Schädlich, Michael Stang

Umschlag- und Innenillustrationen, grafisches Gesamtkonzept und Umsetzung Bea Davies

Lektorat Cordula Thörner

Satz Gesine und Uma Grotrian-Steinweg

Produktionsmanagement Anja Bergmann

Lithografie Margit Dittes Media, Hamburg

ISBN 978-3-551-25495-5

Bea Davies
ist Italienerin-Koreanerin-Chinesin-Hawaiianerin. Aufgewachsen in Italien, war sie mal Stelzenläuferin, Crêpes-Verkäuferin, Akkordeonspielerin und vieles mehr. Heute arbeitet sie als Comic-Zeichnerin und Illustratorin und stemmt mehr Projekte, als sie eigentlich bewältigen kann.

Susan Schädlich
ist ausgebildete Tierärztin und Wissenschaftsjournalistin und schreibt Sachbücher für Kinder und Jugendliche. Ihre Freizeit verbringt sie gern im Wald – und klettert dabei hin und wieder auf einen Baum. Sie träumt davon, mal in einem Baumhaus zu schlafen.

Michael Stang
hat Anthropologie studiert und berichtet als Journalist von Themen rund um die Menschwerdung. Einige der im Buch beschriebenen Fossilien hat er schon im Original gesehen. Und er hat sein Erbgut auf den Neandertaleranteil testen lassen (zwei Prozent, YES!).

Danke schön!
An Joachim Burger, Ottmar Kullmer und Friedemann Schrenk für ihre Expertise und kluge Kritik. An Lisa Schisanowski für ihren Faktencheck, an Josephine Apraku für das diskriminierungskritische Lektorat und an Martin Häusler für seine exklusive Neandertaler-Skelettrekonstruktion. Tausend Dank an Gesine Grotrian für Umsicht und Zuspruch und an Uma Grotrian-Steinweg für ihre Präzision. An Wiebke Lüftner für ihren Einsatz für das ganze Team und Cordula Thörner dafür, dass sie an die Idee geglaubt hat und alle verschnörkelten Wege mitging. Michael und Susans größter Dank geht an Bea für das Jonglieren dieses Projekts in irre herausfordernden Zeiten!